… pour

… ment

avoir envie de cuisiner, pour soi, sa famille ou ses amis. Sortez de la routine, c'est le moment d'essayer des plats qui changent un peu et de combiner des saveurs nouvelles. Pas de soucis : la réussite est garantie puisque ces recettes sont déjà « passées trois fois à la casserole » avant de vous être proposées. Alors à vos fourneaux !

Les mots désignant des produits exotiques peu courants sont expliqués dans le glossaire.

Sommaire

Simplifiez-vous la vie

Des idées simples comme bonjour qui vous feront gagner du temps dans la préparation des recettes de cet ouvrage.

Il faut moins de temps pour faire cuire des légumes à la vapeur que pour les faire bouillir. Vous pouvez aussi faire cuire légumes et pommes de terre au micro-ondes.

Utilisez des légumes congelés, en boîte ou déshydratés quand ils ne sont pas de saison.

Faites cuire riz et pâtes à l'avance. Couverts, ils se conservent plusieurs jours au réfrigérateur, et jusqu'à 4 mois au congélateur. Vous les décongèlerez et les réchaufferez très vite au micro-ondes.

Préparez vos vinaigrettes à l'avance et gardez-les au réfrigérateur, dans un récipient fermé hermétiquement.

Utilisez de préférence des herbes fraîches. Cependant, si vous ne les trouvez pas sur le marché, vous pouvez les remplacer par des herbes sèches ; une cuillerée à café d'herbes sèches équivaut à 4 cuillerées à café d'herbes fraîches hachées. Vous pouvez également hacher des herbes fraîches, les mettre dans des bacs à glaçons que vous remplissez d'eau. Congelez-les, puis utilisez ces « glaçons » au fur et à mesure. Ils se conserveront jusqu'à 2 mois.

Les piments entiers se congèlent sans problème, de même que les zestes d'agrumes râpés.

Le parmesan râpé en sachet est commode, mais il est moins bon que le parmesan frais que vous râpez vous-même à partir d'un morceau que vous aurez conservé au réfrigérateur. Vous pouvez aussi râper le parmesan à l'avance et le conserver un jour ou deux au réfrigérateur, dans un récipient fermé.

Utilisez de la chapelure toute prête ou préparez-la vous-même en râpant ou en mixant du pain rassis. Elle se gardera plusieurs jours, couverte, au réfrigérateur. Vous pouvez aussi congeler cette chapelure-maison plusieurs mois.

Ustensiles

Un équipement élémentaire devrait vous suffire. Des couteaux bien aiguisés, une grande planche à découper, un plan de travail robuste, des casseroles, un wok ou une poêle à frire, des cuillères ou des verres gradués, une balance de cuisine, des saladiers et des plats pour mélanger les ingrédients, des pinces et des couverts résistant à la chaleur, un épluche-légumes ainsi que tout autre ustensile cher à votre cœur, et le tour est joué.

Micro-ondes

Nous vous suggérons d'utiliser votre micro-ondes si cela vous convient puisqu'il permet de préparer votre repas sans perdre de temps. Toutefois, dans certains cas, les plats n'auront pas le même aspect que nos illustrations ou que les recettes préparées selon le mode traditionnel.

N'oubliez pas d'utiliser des ustensiles compatibles avec le micro-ondes et prenez des précautions particulières si vous faites cuire au micro-ondes des ingrédients tels que graisses, huiles et sucre dans la mesure où certains récipients en plastique ne supportent pas la chaleur associée aux ingrédients en question. Vérifiez la liste des récipients adaptés si nécessaire, ou contactez le fabricant.

Les ingrédients de base

Voici une liste d'ingrédients souvent utilisés dans nos recettes.
Si vous les avez sous la main, cela vous facilitera grandement la tâche.

Alcool

Cognac
Marsala
Porto
Vin blanc sec
Vin rouge sec
Vin de gingembre sec
Xérès

Chapelure

Toute prête
Chapelure maison

Condiments et assaisonnements

Ail
Beurre de cacahuètes
Bouillon (de bœuf, de légumes ou de volaille)
Câpres
Chutney (fruits ou mangue)
Concentré de tomates
Cornichons
Gelée de menthe ou de groseille
Mayonnaise
Moutarde (de Dijon, ou à l'ancienne)
Pâte de curry
Poivre vert
Purée de tomates
Raifort
Sauce tomate
Sambal oelek
Sel à l'ail
Tomates séchées

Confitures et autres

Miel
Marmelade

Conserves

Carottes nouvelles
Champignons
Cœurs d'artichauts
Crabe
Crème de noix de coco
Filets d'anchois
Fruits
Abricots au sirop
Ananas en tranches
Haricots beurre
Haricots blancs
Haricots rouges
Lait de noix de coco
Maïs (crème, grains ou petits épis)
Pimientos
Pois chiches
Pommes de terre
Pousses de bambou
Saumon
Thon
Tomates

Épices

Cannelle
Cardamome
Carvi
Cinq-épices
Coriandre
Cumin
Curcuma
Curry
Garam masala
Gingembre
Mélange d'épices
Muscade
Paprika
Poivre
Piment
Safran

Farine

Farine blanche
Maïzena

Fruits

Abricots secs
Poires
Pruneaux
Raisins
Raisins secs

Fruits secs

Amandes (mondées, effilées, moulues)
Cacahuètes non salées
Noisettes
Noix
Noix de cajou
Pignons
Pistaches

Huile

D'olive
De sésame
Végétale

Olives

Noires
Tapenade
Vertes farcies aux piments

Pâtes sèches

Conchiglie
Fettucine
Linguine
Penne
Risoni
Spaghettis (blé et blé complet)
Tortellini

Produits congelés

Épinards
Légumes variés
Petits pois

Produits laitiers

Beurre (salé et non salé)
Fromage
Cheddar
Fromage à la crème
Mozzarella
Parmesan

Riz et légumes secs

Haricots noirs
Lentilles
Riz (blanc, sauvage, à longs grains, riz rond)

Sauces

Aigre-douce
Barbecue
Haricots noirs
Hoisin
Huîtres
Sauce nuoc mâm
Piments
Prunes
Soja (légère et foncée)
Tabasco
Teriyaki
Tomate
Worcestershire

Sucre

Brun
Cristallisé
En poudre

Tomates

Concentré
En boîte, entières
Purée
Sauce
Séchées

Vinaigre

Balsamique
De vin blanc
De vin rouge
À l'estragon
De xérès

Le poulet

Tous les morceaux de poulet cuisent vite, notamment les blancs et les cuisses. Si vous utilisez des filets sans peau, la cuisson sera encore plus rapide. De plus, le poulet est peu calorique, à condition de retirer la peau.

Poulet sauté à la chinoise

Pour 6 personnes.

MARINADE 3 HEURES • PRÉPARATION 15 MINUTES • CUISSON 20 MINUTES

600 g de blancs de poulet, en tranches épaisses
2 gousses d'ail, pilées
80 ml de sauce de soja
80 ml de sauce aux huîtres
400 g de nouilles de riz fraîches
2 c. s. d'huile d'arachide
1 oignon moyen, émincé
200 g de brocolis
200 g de petits épis de maïs, coupés en deux dans la longueur
1 poivron rouge moyen, en tranches fines
2 petites courgettes, en tranches fines
80 ml de bouillon de volaille
200 g de pois mange-tout, en gros morceaux
150 g de germes de soja
4 ciboules, hachées grossièrement

1 Mélangez le poulet, l'ail et 2 cuillerées à soupe de chaque sauce dans un grand saladier. Couvrez ; placez au réfrigérateur 3 heures ou toute la nuit.
2 Mettez les nouilles dans un grand saladier résistant à la chaleur. Couvrez-les d'eau bouillante. Laissez reposer 5 minutes. Égouttez.
3 Faites chauffer la moitié de l'huile dans un wok ou une grande poêle. Faites sauter le poulet sans l'égoutter, en plusieurs fois, jusqu'à ce qu'il soit cuit à point et doré. Réservez.
4 Faites chauffer le reste de l'huile dans le wok et faites revenir l'oignon jusqu'à ce qu'il blondisse.
5 Ajoutez les brocolis, le maïs, le poivron et la courgette. Prolongez la cuisson à feu vif jusqu'à ce que tous les légumes soient juste tendres.
6 Remettez le poulet dans le wok avec le reste des deux sauces mélangées au bouillon. Continuez à faire cuire jusqu'à ébullition de la sauce.
7 Retirez le wok du feu. Incorporez les nouilles, les pois mange-tout, les germes de soja et la ciboule.

Par portion lipides 13,6 g ; 429 kcal

L'ASTUCE DU CHEF

Vous pouvez remplacer les blancs de poulet par des filets dans la cuisse.

Poulet au romarin et au piment

Pour 4 personnes.

PRÉPARATION 10 MINUTES • CUISSON 20 MINUTES

4 blancs de poulet (680 g)
farine blanche
1 c. s. d'huile d'olive
1 gousse d'ail, pilée
1 c. s. de romarin frais, haché grossièrement
2 piments rouges, épépinés, en tranches fines
250 ml de bouillon de volaille
60 ml de vin blanc sec
1 c. s. de sauce de soja légère

1 Enrobez le poulet de farine ; secouez les morceaux pour éliminer l'excédent.

2 Faites chauffer l'huile dans une grande casserole et faites cuire le poulet des deux côtés jusqu'à ce qu'il soit bien doré.

3 Ajoutez l'ail, le romarin, le piment, le bouillon, le vin et la sauce de soja. Portez à ébullition. Baissez le feu, puis laissez mijoter sans couvrir 10 minutes environ, jusqu'à ce que le poulet soit cuit à point.

Par portion lipides 14,5 g ; 292 kcal

Suggestion de présentation vous pouvez servir ce plat avec des légumes cuits à la vapeur ou une salade.

Salade de poulet au fenouil et à l'orange

Pour 4 personnes.

PRÉPARATION 15 MINUTES • CUISSON 10 MINUTES

1 c. s. d'huile d'olive

30 g de beurre

4 blancs de poulet (680 g), en tranches épaisses

1 gros fenouil, en tranches fines

80 g d'olives noires dénoyautées, coupées en quatre

3 ciboules, hachées grossièrement

2 oranges, en quartiers

80 g de feuilles de roquette

Vinaigrette

125 ml de jus d'orange

2 c. s. de vinaigre de vin rouge

2 c. s. d'huile d'olive

1/2 c. c. de sucre

1 Faites chauffer l'huile et le beurre dans une grande casserole et faites revenir le poulet en remuant jusqu'à ce qu'il soit tendre et bien doré. Égouttez-le et laissez tiédir.

2 Mélangez le poulet, le fenouil, les olives, la ciboule, l'orange et la roquette dans un grand saladier. Versez la vinaigrette et remuez délicatement.

Vinaigrette Mélangez tous les ingrédients dans un bocal muni d'un couvercle. Secouez bien.

Par portion lipides 30 g ; 486 kcal

L'ASTUCE DU CHEF

La vinaigrette peut être préparée jusqu'à trois jours à l'avance et conservée au réfrigérateur, dans un bocal fermé.

Poulet farci au jambon cru et au poivron

Pour 4 personnes.

PRÉPARATION 20 MINUTES • CUISSON 15 MINUTES

4 blancs de poulet (680 g)
4 tranches de jambon cru
1 petit poivron rouge, en tranches fines
farine blanche
1 œuf, légèrement battu
1 c. s. de lait
75 g de chapelure
1 c. c. d'origan frais, haché menu
1 c. c. de thym frais, haché menu
1 c. c. de paprika
huile végétale pour friture

Sauce au citron et à la ciboulette

300 ml de crème fraîche
125 ml de crème aigre (ou de fromage blanc)
1 c. s. de zeste de citron râpé
2 c. s. de ciboulette fraîche, hachée menu

1 Faites une poche dans chaque blanc de poulet et garnissez-la délicatement avec une tranche de jambon et un peu de poivron.
2 Enrobez le poulet de farine ; secouez les morceaux pour éliminer l'excédent. Plongez le poulet dans l'œuf mélangé au lait, puis enrobez-le de chapelure aux herbes et au paprika.
3 Faites chauffer l'huile dans une grande casserole et faites revenir le poulet sur toutes les faces, jusqu'à ce qu'il soit cuit à point et légèrement doré. Égouttez-le sur du papier absorbant. Servez avec la sauce au citron et à la ciboulette.

Sauce au citron et à la ciboulette Mélangez la crème fraîche et la crème aigre (ou le fromage blanc) dans une casserole et faites chauffer à feu doux jusqu'à frémissement, en remuant sans cesse. Incorporez la ciboulette et le zeste de citron.

Par portion lipides 80,6 g ; 820 kcal

Suggestion de présentation ce poulet farci au citron et à la ciboulette se marie à merveille avec des carottes nouvelles cuites à la vapeur.

Poulet sauce normande

Pour 4 personnes.

PRÉPARATION 10 MINUTES • CUISSON 20 MINUTES

30 g de beurre
4 blancs de poulet (680 g)
60 ml de vin blanc sec
1 c. s. de cognac
250 g de champignons de Paris frais, en tranches épaisses
250 ml de crème fraîche
1 c. s. de ciboulette fraîche, hachée menu
1 c. s. de persil plat frais, haché menu

1 Faites chauffer le beurre dans une grande sauteuse et faites revenir le poulet jusqu'à ce qu'il soit doré et cuit à point. Ajoutez le vin, le cognac et les champignons. Prolongez la cuisson jusqu'à ce que les champignons soient tendres, sans cesser de remuer. Réservez au chaud.

2 Mélangez la crème et les herbes dans une casserole et portez à ébullition. Baissez le feu et laissez mijoter 7 minutes environ, jusqu'à ce que la sauce épaississe légèrement. Servez les tranches de poulet nappées de sauce.

Par portion lipides 43 g ; 573 kcal

Suggestion de présentation ce poulet sauce normande s'accompagne très bien d'une purée de pommes de terre maison, que vous pouvez parfumer de zestes de citron.

Ailes de poulet aux cinq-épices

Pour 4 personnes.

PRÉPARATION 15 MINUTES • MARINADE 3 HEURES • CUISSON 25 MINUTES

2 kg d'ailes de poulet
1 c. c. de poudre cinq-épices, grillée
1 c. s. de miel
1 c. s. d'huile d'arachide
2 gousses d'ail, pilées
1 c. s. de gingembre frais, râpé fin
1 c. c. d'huile de sésame
1 c. s. de graines de sésame, grillées

1 Retirez l'extrémité des ailes de poulet et réservez-les pour un autre usage. Coupez les morceaux en deux au niveau de l'articulation. Faites deux entailles profondes sur chaque morceau.

2 Mélangez le poulet, la poudre cinq-épices, le miel, l'huile d'arachide, l'ail, le gingembre et l'huile de sésame dans un grand saladier. Couvrez et laissez mariner 3 heures ou toute une nuit au réfrigérateur.

3 Disposez le poulet en une seule couche dans un plat graissé allant au four. Faites-le cuire 25 minutes environ à four très chaud, jusqu'à ce qu'il soit cuit à point et doré.

4 Servez le poulet saupoudré de graines de sésame.

Par portion lipides 26,1 g ; 550 kcal

Suggestion de présentation accompagnez ce plat de riz frit ou d'une salade verte, et proposez à part un petit bol de sauce de soja ou de piments frais hachés menu.

L'ASTUCE DU CHEF

Vous pouvez utiliser les extrémités d'ailes pour faire un bouillon de volaille. Cette recette peut également se préparer avec du bœuf.

Salade chaude au poulet et à la coriandre

Pour 4 personnes.

PRÉPARATION 15 MINUTES • CUISSON 15 MINUTES

1 c. s. d'huile d'arachide
35 g d'amandes effilées
660 g de blancs de poulet, en tranches fines
2 c. s. de feuilles de coriandre fraîche, hachées grossièrement
1 petit poivron rouge, coupé grossièrement
2 branches de céleri parées, coupées grossièrement
250 g de tomates cerises, coupées en deux
1 avocat moyen, coupé grossièrement
3 ciboules, hachées grossièrement
1 petite romaine, coupée grossièrement

Vinaigrette

80 ml de mayonnaise
80 ml de crème aigre (ou de fromage blanc)
2 c. s. de jus de citron

1. Faites chauffer l'huile dans une grande casserole et faites revenir les amandes en remuant sans cesse, jusqu'à ce qu'elles soient légèrement dorées. Réservez. Réchauffez l'huile et faites sauter les tranches de poulet en remuant jusqu'à ce qu'elles soient bien cuites. Égouttez sur du papier absorbant.
2. Mélangez les amandes, le poulet, la coriandre, le poivron et le céleri. Versez la vinaigrette et mélangez délicatement. Incorporez ensuite les tomates, l'avocat, la ciboule et la salade. Mélangez de nouveau.

Vinaigrette Mélangez les ingrédients dans un petit bol. Remuez bien.

Par portion lipides 45 g ; 576 kcal

L'ASTUCE DU CHEF

Cette salade peut se manger froide. Préparez-la la veille et conservez-la couverte au réfrigérateur. Ajoutez la vinaigrette, les tomates, l'avocat, la ciboule et la salade au dernier moment.

Poulet à la moutarde et aux tomates séchées

Pour 4 personnes.

PRÉPARATION 10 MINUTES • CUISSON 15 MINUTES

30 g de beurre
1 gousse d'ail, pilée
4 blancs de poulet (680 g)
180 ml de bouillon de volaille
1 c. s. de moutarde à l'ancienne
35 g de tomates séchées, hachées menu
4 ciboules, ciselées

1 Faites chauffer le beurre dans une grande casserole et faites revenir l'ail 1 minute en remuant. Ajoutez le poulet ; faites-le cuire des deux côtés jusqu'à ce qu'il soit à point et légèrement doré. Réservez.
2 Versez le bouillon. Portez à ébullition en remuant. Baissez le feu et laissez mijoter 5 minutes sans couvrir. Incorporez la moutarde et les tomates. Ajoutez la ciboule.
3 Servez le poulet en tranches, nappé de sauce.

Par portion lipides 16,5 g ; 299 kcal

Suggestion de présentation vous pouvez servir ce poulet avec des pommes de terre rôties.

Salade de poulet aux artichauts et aux poivrons

Pour 4 personnes.

PRÉPARATION 15 MINUTES • CUISSON 5 MINUTES

1 c. s. d'huile

300 g de champignons de Paris, coupés en quatre

3 gousses d'ail, pilées

375 g de cœurs d'artichauts à l'huile, en bocal

60 ml de vinaigre de vin blanc

425 g de poulet cuit, coupé grossièrement

40 g de persil plat frais, haché grossièrement

1 petit poivron rouge, en tranches fines

1 petit poivron jaune, en tranches fines

80 g de pousses d'épinards

1 Faites chauffer l'huile dans une casserole moyenne et faites revenir les champignons avec l'ail, jusqu'à ce qu'ils soient tendres. Laissez refroidir. Réservez l'huile.

2 Égouttez les artichauts. Coupez les artichauts en deux. Mélangez les champignons, les artichauts, l'huile réservée et le vinaigre dans un grand saladier. Couvrez et conservez plusieurs heures au frais.

3 Ajoutez le poulet, le persil, les poivrons et les pousses d'épinards. Remuez délicatement.

Par portion lipides 23,2 g ; 414 kcal

Poulet à la sauce tomate et au vin rouge

Pour 4 personnes.

PRÉPARATION 10 MINUTES • CUISSON 20 MINUTES

30 g de beurre
2 c. s. d'huile d'olive
2 oignons blancs moyens, émincés
2 gousses d'ail, pilées
750 g de blancs de poulet, coupés en deux
250 g de petits champignons de Paris, émincés
2 x 410 g de tomates en boîte
60 ml de concentré de tomates
60 ml de vin rouge sec
2 c. c. de sucre roux
1 c. c. de grains de poivre noir, concassés
125 ml de bouillon de volaille
30 g de basilic frais, haché menu

1 Faites chauffer le beurre et l'huile dans une grande casserole et faites revenir l'oignon avec l'ail en remuant, jusqu'à ce qu'ils blondissent. Ajoutez le poulet et faites-le revenir jusqu'à ce qu'il soit cuit à point.

2 Ajoutez les champignons, les tomates concassées avec leur jus, le concentré de tomates, le vin, le sucre et le poivre.

3 Ajoutez le bouillon. Portez à ébullition, puis baissez le feu et laissez mijoter sans couvrir, jusqu'à ce que la sauce épaississe légèrement. Retirez la casserole du feu et incorporez le basilic.

Par portion lipides 29,5 g ; 497 kcal

Suggestion de présentation vous pouvez servir ce plat avec du riz, des pâtes ou des pommes de terre à la vapeur.

L'ASTUCE DU CHEF

Cette recette peut être préparée la veille et conservée au réfrigérateur. Réchauffez à feu doux pour éviter que la viande ne perde tout son moelleux.

Blancs de poulet panés au fromage

Pour 4 personnes.

PRÉPARATION 20 MINUTES • CUISSON 10 MINUTES

25 g de parmesan râpé
100 g de chapelure
1 c. s. de ciboulette fraîche, hachée menu
1 c. s. de persil frais, haché menu
680 g de blancs de poulet, coupés en deux dans la longueur
farine blanche
1 œuf légèrement battu
125 ml de lait
huile végétale pour friture

1 Mélangez le parmesan, la chapelure et les herbes dans un plat peu profond.

2 Enrobez le poulet de farine ; secouez les morceaux pour éliminer l'excédent. Plongez-les dans l'œuf mélangé au lait, puis dans le mélange à base de chapelure en pressant fermement.

3 Faites frire le poulet dans l'huile très chaude, jusqu'à ce qu'il soit doré et cuit à point. Égouttez-le sur du papier absorbant.

Par portion lipides 14,9 g ; 420 kcal

Suggestion de présentation servez ce plat avec du couscous, de la roquette détaillée en fines lanières, des pignons de pin grillés et des quartiers de citron.

L'ASTUCE DU CHEF

Les blancs de poulet panés peuvent être préparés la veille et conservés au réfrigérateur. On les fera cuire au dernier moment.

Ailes de poulet caramélisées aux épices

Pour 4 personnes.

PRÉPARATION 15 MINUTES • CUISSON 20 MINUTES

1 kg d'ailes de poulet
2 c. s. d'huile de sésame
1 c. s. de gingembre frais râpé
2 gousses d'ail, pilées
2 c. s. de sauce de soja légère
60 ml de sauce hoisin
1 c. c. de sauce aux piments forte
2 c. c. de sucre en poudre
125 ml d'eau
3 ciboules, hachées menu

1 Coupez les ailes de poulet en morceaux.

2 Faites chauffer l'huile dans un wok ou une grande poêle et faites revenir le gingembre et l'ail jusqu'à ce que le mélange embaume. Ajoutez les différentes sauces, le sucre et l'eau. Laissez cuire 1 minute à feu vif.

3 Ajoutez les ailes de poulet, couvrez et faites cuire 15 minutes environ, en remuant de temps en temps, jusqu'à ce qu'elles soient à point. Incorporez la ciboule.

Par portion lipides 18,5 g ; 124 kcal

Suggestion de présentation vous pouvez accompagner ce plat de pousses de bok choy cuites à la vapeur.

Poulet sauté aux brocolis et aux cacahuètes

Pour 4 personnes.

MARINADE 3 HEURES • PRÉPARATION 10 MINUTES • CUISSON 20 MINUTES

660 g de blancs de poulet, en tranches fines
60 ml d'huile végétale
1 oignon blanc moyen, en tranches fines
1 petit poivron rouge, en tranches fines
250 g de brocolis
100 g de germes de soja
50 g de cacahuètes grillées

Marinade

80 ml de sauce teriyaki
2 c. s. de vin au gingembre
2 gousses d'ail, pilées
2 c. s. de sauce aux prunes

1 Mélangez le poulet et la marinade dans un grand saladier. Couvrez ; placez 3 heures ou toute une nuit au réfrigérateur.

2 Égouttez le poulet et réservez la marinade. Faites chauffer 2 cuillerées à soupe d'huile dans un wok ou une grande poêle et faites sauter le poulet en plusieurs fois, jusqu'à ce qu'il soit cuit à point. Réservez.

3 Faites chauffer le reste de l'huile dans le wok et faites revenir l'oignon jusqu'à ce qu'il blondisse. Ajoutez le poivron et les brocolis. Prolongez la cuisson jusqu'à ce que les légumes soient juste tendres.

4 Remettez le poulet, les germes de soja et la marinade réservée dans le wok. Faites cuire le mélange jusqu'à ébullition. Garnissez de cacahuètes et servez aussitôt.

Marinade Mélangez tous les ingrédients dans un saladier ; remuez bien.

Par portion lipides 32,2 g ; 519 kcal

Poulet à la moutarde et au romarin

Pour 4 personnes.

PRÉPARATION 10 MINUTES • MARINADE 12 HEURES • CUISSON 15 MINUTES

4 blancs de poulet, coupés en deux (880 g)
60 ml de moutarde de Dijon
60 ml de moutarde à l'ancienne
60 ml de jus de citron
80 ml d'huile d'olive
3 gousses d'ail, pilées
1 c. s. de poivre noir en grains, concassés
1 c. s. de romarin frais, ciselé
6 petites courgettes, coupées en deux dans la longueur
1 petit poivron rouge, en tranches fines
1 c. s. de persil frais, haché grossièrement

1 Mélangez tous les ingrédients dans un grand saladier. Couvrez et laissez mariner toute une nuit au réfrigérateur.
2 Retirez le poulet de la marinade ; réservez la marinade et les légumes. Mettez le poulet sur une grille métallique au-dessus d'un plat à rôtir et faites-le cuire 15 minutes à four chaud, sans couvrir, jusqu'à ce qu'il soit doré.
3 Pendant ce temps, mettez la marinade réservée avec les légumes dans une casserole. Portez à ébullition. Prolongez la cuisson jusqu'à ce que les légumes soient tendres. Garnissez de persil haché et servez-les avec le poulet.

Par portion lipides 35,1 g ; 508 kcal

Poulet à l'ail

Pour 6 personnes.

PRÉPARATION 10 MINUTES • MARINADE 12 HEURES • CUISSON 15 MINUTES

12 pilons de poulet (1,8 kg)

Marinade

3 gousses d'ail, pilées
1 c. c. de gingembre frais, râpé
80 ml de sauce hoisin
2 c. s. de sauce de soja légère
60 ml de xérès
1/4 c. c. de sambal oelek
1 c. c. d'huile de sésame

1 Mélangez le poulet et la marinade dans un grand saladier. Couvrez et laissez mariner toute la nuit au réfrigérateur.
2 Retirez le poulet de la marinade. Réservez celle-ci. Faites cuire le poulet dans une grande poêle antiadhésive chauffée en le badigeonnant régulièrement de marinade, jusqu'à ce qu'il soit doré et à point.

Marinade Mélangez tous les ingrédients dans un saladier. Remuez bien.

Par portion lipides 34,8 g ; 583 kcal

Suggestion de présentation ce poulet à l'ail se marie très bien avec du riz blanc aux herbes

Brochettes de poulet, sauce aux cacahuètes

Pour 4 personnes.

PRÉPARATION 15 MINUTES • CUISSON 20 MINUTES

680 g de blancs de poulet, coupés en gros dés

Sauce aux cacahuètes

1 c. s. d'huile d'arachide

1 petit oignon, émincé

1 c. c. de poudre de curry

1/2 c. c. de sambal oelek

90 g de beurre de cacahuètes, avec morceaux

160 ml de bouillon de volaille

140 g de lait de coco, en boîte

2 c. c. de sucre roux

2 c. c. de sauce de soja légère

1 Enfilez les morceaux de poulet sur huit brochettes.

2 Faites cuire les brochettes sur un gril ou au barbecue, jusqu'à ce que la viande soit dorée et cuite à point. Présentez les brochettes avec la sauce aux cacahuètes.

Sauce aux cacahuètes Faites chauffer l'huile dans une casserole et faites revenir l'oignon avec la poudre de curry et le sambal oelek, en remuant régulièrement, jusqu'à ce que le mélange embaume. Ajoutez le beurre de cacahuètes, le bouillon, le lait de coco, le sucre et la sauce. Portez à ébullition. Baissez le feu et laissez mijoter sans couvrir jusqu'à ce que la sauce épaississe.

Par portion lipides 8,2 g ; 123 kcal

Suggestion de présentation servez avec du riz blanc parfumé à la coriandre fraîche.

L'ASTUCE DU CHEF

Vous pouvez préparer la sauce la veille et la réchauffer à feu doux au moment de servir.

Soupe chinoise aux nouilles et au poulet

Pour 4 personnes.

PRÉPARATION 20 MINUTES • CUISSON 30 MINUTES

1,5 l de bouillon de volaille
500 ml d'eau
60 ml de jus de citron vert
1 c. s. de sauce nuoc mâm
2 c. s. de sauce de soja
50 g de gingembre frais, en tranches fines
2 blancs de poulet (340 g), en tranches fines
100 g de vermicelles de riz
2 piments rouges, en tranches fines
40 g de feuilles de menthe fraîche
100 g de germes de soja
4 ciboules, émincées
40 g de feuilles de coriandre fraîche

1 Portez à ébullition le bouillon, l'eau, le jus de citron vert, le nuoc mâm, la sauce de soja et le gingembre. Baissez le feu et laissez mijoter 5 minutes. Ajoutez le poulet ; faites mijoter encore 10 minutes sans couvrir, jusqu'à ce que le poulet soit cuit.

2 Ajoutez les vermicelles et laissez cuire 2 minutes en remuant sans cesse, jusqu'à ce qu'ils soient tendres. Incorporez les autres ingrédients au moment de servir.

Par portion lipides 6,6 g ; 248 kcal

Suggestion de présentation présentez la soupe avec des quartiers de citron vert et du piment.

Poulet à la mexicaine

Pour 4 personnes.

PRÉPARATION 15 MINUTES • CUISSON 20 MINUTES

40 g de beurre
440 g de filets de poulet dans la cuisse, coupés fin
250 ml de purée de tomates
125 ml de sauce aux piments douce
1 c. s. de persil frais, ciselé
200 g de chips de maïs parfumées au fromage
125 g de fromage râpé
1 c. s. de persil frais, ciselé, supplémentaire
4 ciboules, hachées

1 Faites chauffer le beurre dans une grande casserole et faites revenir le poulet à feu vif, en remuant sans cesse, jusqu'à ce qu'il soit doré.
2 Ajoutez la purée de tomates, la sauce aux piments et le persil. Laissez mijoter 5 minutes, jusqu'à ce que la sauce épaississe.
3 Disposez les chips dans un grand plat résistant à la chaleur. Garnissez avec le poulet en sauce, saupoudrez de fromage et faites chauffer sous le gril du four, jusqu'à ce que le fromage ait fondu. Saupoudrez de persil et de ciboule et servez aussitôt.

Par portion lipides 42,2 g ; 658 kcal

Suggestion de présentation vous pouvez servir ce plat plutôt copieux avec une salade verte.

L'ASTUCE DU CHEF

Le poulet en sauce peut être préparé la veille et conservé au réfrigérateur.

Poulet cajun

Pour 4 personnes.

PRÉPARATION 20 MINUTES • CUISSON 15 MINUTES

750 g de blancs de poulet, en tranches fines
18 g d'assaisonnement cajun
2 c. c. de zeste de citron vert râpé
2 c. s. d'huile d'olive
2 épis de maïs parés
1 petit oignon rouge, coupé en tranches fines

Salsa de tomates

2 tomates moyennes, en tranches très fines
2 ciboules, en tranches fines
2 c. c. de jus de citron vert
2 c. c. de vinaigre balsamique

1 Mélangez le poulet, l'assaisonnement et le zeste de citron dans un grand saladier. Remuez bien.
2 Faites chauffer la moitié de l'huile dans un wok ou une grande poêle et faites revenir le poulet en plusieurs fois, jusqu'à ce qu'il soit cuit.
3 Prélevez les grains sur les épis de maïs. Faites chauffer le reste de l'huile dans le wok et faites sauter l'oignon avec le maïs jusqu'à ce qu'il blondisse.
4 Remettez le poulet dans le wok. Prolongez la cuisson jusqu'à ce que le mélange soit bien chaud.
5 Servez le poulet garni de salsa de tomates.

Salsa de tomates Mélangez tous les ingrédients dans un petit bol. Remuez bien.

Par portion lipides 21,2 g ; 449 kcal

L'ASTUCE DU CHEF

Préparez ce plat à la dernière minute et servez-le avec un bol de crème aigre ou du fromage blanc à la menthe.

Poulet sauté à la thaïlandaise

Pour 4 personnes.

PRÉPARATION 15 MINUTES • CUISSON 15 MINUTES

180 g de nouilles de riz sèches

750 g de blancs de poulet, en tranches fines

2 c. c. de gingembre râpé

2 c. s. d'huile d'arachide

120 g de germes de soja

300 g de pousses de bok choy, coupées grossièrement

60 ml de sauce aux piments douce

2 c. c. de sauce nuoc mâm

80 ml de jus de citron vert

1 1/2 c. s. de sucre en poudre

2 c. s. de coriandre fraîche, ciselée

40 g de menthe fraîche, en lanières

4 ciboules, émincées

1 Mettez les nouilles dans un grand saladier résistant à la chaleur et recouvrez-les d'eau bouillante. Laissez reposer jusqu'à ce qu'elles soient tendres. Égouttez.

2 Mélangez le poulet et le gingembre dans un petit saladier. Faites chauffer l'huile dans un wok ou une grande poêle et faites revenir le poulet en plusieurs fois, jusqu'à ce qu'il soit cuit.

3 Ajoutez les germes de soja, le bok choy, les différentes sauces, le jus de citron vert, le sucre, la coriandre et la menthe. Remuez jusqu'à ce que le mélange soit bien chaud. Incorporez la ciboule et les nouilles. Réchauffez rapidement le tout avant de servir.

Par portion lipides 20,6 g ; 534 kcal

Poulet aux gnocchis et aux tomates séchées

Pour 4 personnes.

PRÉPARATION 10 MINUTES • CUISSON 30 MINUTES

Vous trouverez des gnocchis frais dans les rayons réfrigérés de votre supermarché et le pesto de tomates séchées dans une épicerie fine ou chez un traiteur italien.

8 cuisses de poulet (1,3 kg)
500 g de gnocchis frais
1 c. s. d'huile d'olive
2 gousses d'ail, pilées
125 ml de vin blanc sec
60 g de pesto de tomates séchées
300 ml de crème
8 petites feuilles de basilic frais

1 Disposez le poulet dans un plat à rôtir peu profond, graissé. Faites-le cuire à four chaud 20 minutes jusqu'à ce qu'il soit à point.
2 Pendant ce temps, plongez les gnocchis dans une grande casserole d'eau bouillante. Retirez-les avec une écumoire dès qu'ils remontent à la surface, égouttez-les et réservez au chaud.
3 Faites chauffer l'huile dans une grande poêle antiadhésive et faites revenir l'ail jusqu'à ce qu'il embaume. Versez le vin et laissez mijoter sans couvrir jusqu'à ce que presque tout le liquide soit évaporé. Ajoutez le pesto et la crème. Portez à ébullition et incorporez les gnocchis, puis le poulet.
4 Saupoudrez le tout de basilic et servez aussitôt.

Par portion lipides 58,2 g ; 903 kcal

Le bœuf

Choisissez de préférence des morceaux de bœuf maigre, plus sains et surtout plus tendres. Relevez-les avec des sauces parfumées ou des marinades. Utilisez des arômes asiatiques frais pour les salades et les plats sautés. Si vous préparez des plats en sauce avec de la viande hachée, achetez celle-ci à la dernière minute, de préférence chez votre boucher (les viandes hachées que l'on trouve sous vide dans les grandes surfaces sont généralement moins goûteuses).

Bœuf tandoori aux citrons verts grillés

Pour 4 personnes.

PRÉPARATION 10 MINUTES • MARINADE 12 HEURES • CUISSON 10 MINUTES

4 steaks de bœuf (600 g)
1 gousse d'ail, pilée
75 g de pâte tandoori
4 citrons verts moyens, coupés en deux
175 g de chutney à la mangue
200 g de yaourt nature
2 c. s. de coriandre fraîche, ciselée

1 Mélangez le bœuf, l'ail et la pâte tandoori dans un grand saladier. Couvrez et réservez toute la nuit au réfrigérateur.
2 Faites cuire le bœuf sur un gril ou au barbecue jusqu'à ce qu'il soit à votre convenance.
3 Disposez les moitiés de citron vert sur le gril et faites-les cuire 2 minutes environ, jusqu'à ce qu'elles soient dorées.
4 Servez le bœuf avec le citron vert, le chutney à la mangue et le yaourt mélangé à la coriandre.

Par portion lipides 16,9 g ; 390 kcal

Suggestion de présentation accompagnez ce plat de haricots verts cuits à la vapeur ou d'une salade de tomates aux oignons frais.

Steaks sauce forestière

Pour 4 personnes.

PRÉPARATION 10 MINUTES • CUISSON 30 MINUTES

30 g de beurre
8 oignons de printemps, coupés en quatre
2 gousses d'ail, pilées
250 ml de vin rouge sec
125 ml de bouillon de bœuf
6 pleurotes, coupés en quatre
4 steaks (800 g)
2 c. s. de persil plat frais, ciselé grossièrement

1 Faites fondre le beurre dans une poêle et faites revenir les oignons jusqu'à ce qu'ils soient tendres et légèrement dorés. Ajoutez l'ail, le vin et le bouillon. Portez à ébullition. Baissez le feu, couvrez et laissez mijoter 10 minutes.
2 Ajoutez les champignons. Prolongez la cuisson, sans cesser de remuer, jusqu'à ce que les champignons soient cuits. Réservez au chaud.
3 Faites cuire les steaks à votre convenance (saignant ou à point) sur un gril en fonte ou dans une poêle épaisse antiadhésive (inutile de la graisser). Incorporez le persil dans la sauce. Disposez les steaks sur les assiettes de service et nappez-les de sauce et accompagnez

Par portion lipides 23,4 g ; 438 kcal

Suggestion de présentation vous pouvez accompagner ce plat d'une purée de pommes de terre ou de pommes de terre sautées.

Pavés de bœuf au miel et aux piments

Pour 4 personnes.

PRÉPARATION 5 MINUTES • MARINADE 3 HEURES • CUISSON 10 MINUTES

80 ml de jus de citron vert
60 ml d'huile d'olive
2 c. s. de miel
1 c. c. de piments séchés en paillettes
2 gousses d'ail, pilées
4 pavés de bœuf dans le filet (800 g)

1 Mélangez tous les ingrédients de la marinade dans un saladier, ajoutez les pavés de bœuf, couvrez et laissez reposer 3 heures au réfrigérateur.
2 Retirez la viande de la marinade. Jetez celle-ci. Faites cuire les steaks sur un gril en fonte chauffé ou au barbecue.

Par portion lipides 26,4 g ; 445 kcal

Suggestion de présentation avec leur saveur épicée, ces pavés de bœuf s'accomodent à merveille de légumes cuits à la vapeur.

Hamburgers

Pour 4 personnes.

PRÉPARATION 25 MINUTES • CUISSON 20 MINUTES

500 g de viande de bœuf hachée
1 oignon blanc moyen, râpé
1 c. c. de poivre noir concassé
25 g de chapelure
huile végétale pour friture
2 oignons blancs moyens, émincés
4 petits pains
4 tranches de fromage
2 tomates moyennes, en tranches fines
125 g de germes de soja
225 g de betteraves en boîte, tranchées, égouttées
175 g de cresson

Sauce barbecue

125 ml de sauce tomate
1 petit poivron rouge, haché
1 c. s. de sauce Worcestershire
1/4 c. c. de piment en poudre

1 Mélangez le bœuf, l'oignon râpé, le poivre et la chapelure dans un grand saladier. Divisez la préparation en quatre. Confectionnez une boule légèrement aplatie avec chaque portion.

2 Faites frire les hamburgers avec les oignons émincés jusqu'à ce qu'ils soient cuits à votre convenance. Égouttez-les sur du papier absorbant.

3 Coupez les pains en deux. Garnissez-les avec les hamburgers, les oignons, la sauce barbecue, le fromage, la tomate, les germes de soja, la betterave et le cresson.

Sauce barbecue Mélangez tous les ingrédients dans un bol. Remuez bien.

Par portion lipides 28,6 g ; 620 kcal

L'astuce du chef

Vous pouvez préparer les hamburgers et la sauce barbecue séparément la veille et les entreposer au réfrigérateur en les couvrant. Rien n'empêche de congeler les hamburgers crus.

Saucisses aux haricots blancs

Pour 4 personnes.

PRÉPARATION 10 MINUTES • CUISSON 20 MINUTES

500 g de saucisses de bœuf fines
1 oignon moyen, émincé
440 g de haricots blancs en boîte
2 c. s. de concentré de tomates
410 g de tomates en boîte
1 c. s. de persil frais, ciselé

1 Piquez les saucisses avec une fourchette. Faites-les cuire dans une grande poêle antiadhésive jusqu'à ce qu'elles soient à point et bien dorées. Égouttez-les sur du papier absorbant. Coupez-les en tranches épaisses.
2 Mettez l'oignon dans la poêle et faites-le revenir en remuant bien jusqu'à ce qu'il blondisse.
3 Remettez les saucisses dans la poêle avec les haricots et leur jus, le concentré de tomates et les tomates concassées, non égouttées. Remuez jusqu'à ce que tous les ingrédients soient bien chauds. Garnissez de persil et servez.

Par portion lipides 33,9 g ; 465 kcal

Suggestion de présentation accompagnez ce plat d'une purée de pommes de terre et de crème de maïs.

L'astuce du chef

Cette recette peut-être préparée la veille et conservée au réfrigérateur.

Travers de bœuf grillés

Pour 4 personnes.

MARINADE 12 HEURES • PRÉPARATION 10 MINUTES • CUISSON 20 MINUTES

1,5 kg de travers de bœuf

Marinade

1 oignon moyen, émincé

75 g de sucre roux

125 ml de sauce Worcestershire

500 ml de sauce tomate

60 ml de vinaigre de vin blanc

125 ml d'eau

180 ml d'huile végétale

1 feuille de laurier

1 Mélangez les travers de bœuf et la marinade dans un saladier. Couvrez et conservez toute une nuit au réfrigérateur.

2 Égouttez la viande. Mettez la marinade dans une petite casserole et portez à ébullition. Baissez le feu et laissez mijoter jusqu'à ce que la sauce ait légèrement épaissi.

3 Faites cuire les travers sur un gril ou au barbecue, jusqu'à ce qu'ils soient dorés et cuits à point. Nappez-les de sauce.

Marinade Mélangez tous les ingrédients dans un saladier moyen ; remuez bien.

Par portion lipides 58,8 g ; 990 kcal

Suggestion de présentation ce plat se marie très bien, à la belle saison, avec une salade verte ou de légumes de saison.

Boulettes de viande à la diable

Pour 4 personnes.

PRÉPARATION 20 MINUTES • CUISSON 20 MINUTES

500 g de bœuf haché
1 oignon moyen, émincé
140 g de chapelure
1 œuf légèrement battu
2 c. s. de sauce tomate
2 c. s. de sauce Worcestershire
2 c. s. d'huile végétale
2 x 410 g de tomates en boîte
125 ml de bouillon de bœuf
1 c. c. de sucre
1 c. s. de sauce tomate, en supplément
1 c. c. de sauce Worcestershire, en supplément
1 c. s. de persil plat frais, ciselé
375 g de spaghettis

1 Mélangez la viande hachée, l'oignon, la chapelure, l'œuf, la sauce tomate et la sauce Worcestershire dans un grand saladier. Façonnez vingt boulettes de ce mélange.

2 Faites chauffer l'huile dans une grande poêle et faites revenir les boulettes en remuant de temps en temps, jusqu'à ce qu'elles soient dorées.

3 Ajoutez les tomates concassées avec leur jus, le bouillon, le sucre et les suppléments de sauce tomate et de sauce Worcestershire. Laissez mijoter 5 minutes, jusqu'à ce que les boulettes soient cuites. Incorporez le persil.

4 Pendant ce temps, faites cuire les pâtes dans une grande casserole d'eau bouillante salée. Égouttez. Servez les boulettes de viande et la sauce sur les spaghettis.

Par portion lipides 24,9 g : 813 kcal

L'astuce du chef

Vous pouvez préparer les boulettes et la sauce la veille, puis les réchauffer au dernier moment. Si vous devez congeler ce plat, conservez séparément la sauce et la viande.

Entrecôtes de bœuf sauce piquante

Pour 4 personnes.

MARINADE 12 HEURES • PRÉPARATION 5 MINUTES • CUISSON 10 MINUTES

4 entrecôtes de bœuf (1 kg)

Marinade

60 ml de sauce de soja légère
2 c. s. de sauce aux huîtres
1 c. s. de sauce hoisin
1 c. s. de sucre roux
1 c. s. de xérès
1 gousse d'ail, pilée
1 c. c. d'huile de sésame

1 Mélangez la viande et la marinade dans un grand plat. Couvrez et conservez toute une nuit au réfrigérateur.

2 Égouttez les côtes de bœuf ; réservez la marinade. Faites cuire la viande sur un gril chauffé ou au barbecue en la badigeonnant de marinade en cours de cuisson.

Marinade Mélangez les ingrédients dans un saladier ; remuez bien.

Par portion lipides 5,7 g ; 138 kcal

Suggestion de présentation servez avec des légumes grillés ou une salade verte.

Steaks à la moutarde et au poivre vert

Pour 4 personnes.

PRÉPARATION 10 MINUTES • CUISSON 10 MINUTES

2 c. s. d'huile d'olive
4 steaks dans l'aloyau (800 g)
2 gousses d'ail
1 c. s. de moutarde à l'ancienne
2 c. c. de poivre vert en boîte, égoutté
250 ml de vin blanc sec
1 c. s. de basilic frais, ciselé
40 g de beurre, coupé grossièrement

1 Faites chauffer l'huile dans une poêle et faites cuire les steaks avec l'ail jusqu'à ce qu'ils soient à votre convenance. Réservez.

2 Ajoutez la moutarde, le poivre, le vin et le basilic dans la poêle. Faites revenir 2 minutes à feu vif en remuant. Retirez la casserole du feu. Incorporez rapidement le beurre au fouet. Servez les steaks avec la sauce.

Par portion lipides 40,2 g ; 567 kcal

Suggestion de présentation
ces steaks à la moutarde et au poivre vert s'accompagnent à merveille de champignons grillés et de purée de pommes de terre.

Steaks aux olives et aux tomates séchées

Pour 4 personnes.

PRÉPARATION 15 MINUTES • CUISSON 20 MINUTES

4 steaks dans l'aloyau (800 g)
1 c. c. de poivre noir, concassé
1 c. s. d'huile d'olive
3 gousses d'ail, pilées
1 oignon rouge moyen, émincé
80 ml de cognac
410 g de tomates en boîte
75 g de tomates séchées à l'huile, égouttées, en tranches fines
50 g d'olives noires dénoyautées, en tranches fines
1 c. c. de sucre en poudre
2 c. s. de petites feuilles de basilic frais

1 Frottez les steaks de part et d'autre avec le poivre. Faites chauffer l'huile dans une poêle et faites cuire les steaks à votre convenance ; réservez.

2 Faites revenir l'ail et l'oignon dans la même poêle en remuant, jusqu'à ce que l'oignon blondisse. Ajoutez le cognac.

3 Incorporez les tomates concassées avec leur jus, les tomates séchées, les olives et le sucre. Portez à ébullition. Baissez le feu et laissez mijoter 2 minutes. Nappez la viande de sauce et garnissez de basilic.

Par portion lipides 18,9 g ; 429 kcal

Suggestion de présentation vous pouvez accompagner ce plat de pommes de terre frites ou de légumes verts.

Rissoles à la sauce tomate

Pour 4 personnes.

PRÉPARATION 20 MINUTES • CUISSON 15 MINUTES

750 g de bœuf haché
70 g de chapelure
25 g de parmesan râpé
1 gousse d'ail, pilée
2 c. s. de persil frais, ciselé
2 c. s. de basilic frais, ciselé
1 œuf légèrement battu

Sauce tomate

375 ml de sauce tomate
1 petit poivron rouge, en tranches fines
1 c. s. de basilic frais, haché grossièrement

1 Mélangez la viande, la chapelure, le parmesan, l'ail, les herbes et l'œuf dans un grand saladier ; remuez bien. Divisez la préparation en douze portions ; façonnez des rissoles (ou boulettes aplaties).

2 Faites chauffer une poêle antiadhésive et faites revenir les rissoles jusqu'à ce qu'elles soient dorées et cuites à point. Servez avec la sauce tomate.

Sauce tomate Mélangez tous les ingrédients dans une casserole moyenne. Faites chauffer en remuant jusqu'à ébullition.

Par portion lipides 21,4 g ; 446 kcal

Suggestion de présentation les rissoles à la sauce tomate peuvent se servir avec une purée de patates douces

Bœuf à la mexicaine

Pour 4 personnes.

PRÉPARATION 10 MINUTES • CUISSON 15 MINUTES

750 g de rumsteck, en tranches fines
35 g d'assaisonnement pour tacos
2 c. s. d'huile d'arachide
1 gros oignon rouge, émincé
1 poivron rouge moyen, en tranches fines
1 poivron jaune moyen, en tranches fines
4 petites tomates, hachées grossièrement
40 g de coriandre fraîche, hachée grossièrement

1 Mélangez le bœuf et l'assaisonnement dans un grand saladier. Faites chauffer la moitié de l'huile dans un wok ou une grande poêle antiadhésive et faites revenir le bœuf et l'oignon, jusqu'à ce qu'ils soient dorés.

2 Faites chauffer le reste de l'huile dans le wok et faites sauter les poivrons jusqu'à ce qu'ils soient juste tendres.

3 Mélangez le bœuf, les poivrons et les autres ingrédients dans un grand saladier.

Par portion lipides 19,3 g ; 407 kcal

Suggestion de présentation ce plat mexicain se sert habituellement avec des tortillas de blé.

Sauté de bœuf teriyaki

Pour 4 personnes.

PRÉPARATION 20 MINUTES • CUISSON 20 MINUTES

2 c. s. d'huile d'arachide
2 c. c. d'huile de sésame
600 g de rumsteck, en tranches fines
2 gousses d'ail, émincées
1 oignon moyen, en tranches épaisses
230 g de pousses de bambou, égouttées
40 g de germes de soja
60 ml de sauce teriyaki
80 ml de bouillon de bœuf
450 g de nouilles hokkien
4 ciboules, en tranches épaisses

1 Faites chauffer l'huile d'arachide et l'huile de sésame dans un wok ou une grande poêle antiadhésive et faites revenir le bœuf avec l'ail, jusqu'à ce qu'ils soient dorés.

2 Ajoutez l'oignon et les pousses de bambou ; prolongez la cuisson à feu vif pendant 2 minutes.

3 Remettez le bœuf dans le wok avec les germes de soja. Versez la sauce et le bouillon, puis portez à ébullition jusqu'à épaississement.

4 Pendant ce temps, rincez les nouilles sous l'eau chaude, puis égouttez-les. Servez le sauté de bœuf avec les nouilles. Garnissez de ciboule.

Par portion lipides 20 g ; 632 kcal

Pains garnis au bœuf et aux crudités

Pour 4 personnes.

MARINADE 12 HEURES • PRÉPARATION 20 MINUTES • CUISSON 10 MINUTES

500 g de rumsteck
1 gousse d'ail, pilée
60 ml d'huile d'olive
125 ml de vin rouge sec
4 pitas
80 g de pousses de roquette
2 tomates moyennes, en tranches fines
1 pepino, émincé

Vinaigrette

30 g de persil plat frais, haché grossièrement
2 c. c. de romarin frais, haché grossièrement
80 ml d'huile d'olive
2 c. s. de vinaigre de vin rouge
1/4 c. c. de sucre
1 petit oignon rouge, émincé

1 Mélangez la viande, l'ail, 2 cuillerées à soupe d'huile d'olive et le vin dans un grand saladier. Couvrez et conservez toute une nuit au réfrigérateur.
2 Égouttez la viande. Jetez la marinade. Faites chauffer le reste d'huile dans une poêle et faites cuire le rumsteck. Laissez reposer 5 minutes, puis détaillez en très fines tranches.
3 Ouvrez les pains en deux. Garnissez-les de roquette, de tomates, de pepino, de viande et de vinaigrette.

Vinaigrette Mélangez tous les ingrédients dans un bol moyen ; remuez bien.

Par portion lipides 39,1 g ; 671 kcal

L'ASTUCE DU CHEF

Ce plat peut être préparé la veille et conservé au réfrigérateur. Vous pouvez aussi congeler le rumsteck mariné.

Keftas de bœuf à l'houmous

Pour 4 personnes.

PRÉPARATION 15 MINUTES • CUISSON 10 MINUTES

500 g de bœuf haché
70 g de chapelure
2 c. c. de zeste de citron râpé fin
1 c. c. de cumin moulu
1 c. c. de coriandre moulue
1 gousse d'ail, pilée
1 œuf légèrement battu
125 g d'houmous
1 pincée de paprika

1 Mélangez la viande hachée, la chapelure, le zeste de citron, le cumin, la coriandre, l'ail et l'œuf dans un saladier. Remuez bien. Divisez la préparation en douze et façonnez chaque portion en boulette ovale, que vous enfilez sur douze brochettes.

2 Faites cuire les boulettes dans une grande poêle antiadhésive jusqu'à ce qu'elles soient à point.

3 Servez les boulettes avec l'houmous. Saupoudrez de paprika.

Par brochette lipides 18,8 g ; 350 kcal

Suggestion de présentation ce plat se marie très bien avec des pitas et une salade de tomates.

L'ASTUCE DU CHEF

Vous pouvez conserver les boulettes crues au congélateur pendant quelques semaines.

Bœuf à la thaïlandaise

Pour 4 personnes.

MARINADE 12 HEURES • PRÉPARATION 15 MINUTES • CUISSON 10 MINUTES

500 g de rumsteck
60 ml de sauce aux piments douce
2 gousses d'ail, pilées
2 c. c. de nuoc mâm
60 ml de jus de citron vert
2 c. s. de coriandre fraîche, hachée grossièrement
250 g de vermicelles de riz

Salade de concombres

3 pepinos
75 g de sucre en poudre
160 ml de vinaigre de vin blanc
2 petits piments rouges frais, émincés
35 g de cacahuètes grillées non salées, hachées grossièrement
30 g de coriandre fraîche, hachée grossièrement
30 g de menthe fraîche, en lanières

1 Mélangez le rumsteck et les autres ingrédients (sauf le vermicelle) dans un plat peu profond. Retournez la viande pour bien l'enrober. Couvrez et conservez toute une nuit au réfrigérateur. Préparez également la veille la salade de concombres (voir ci-dessous).

2 Égouttez la viande et jetez la marinade. Faites cuire le rumsteck sur un gril chauffé ou au barbecue, jusqu'à ce qu'il soit doré des deux côtés. Laissez reposer 5 minutes avant de le découper en tranches fines.

3 Pendant ce temps, mettez les nouilles dans un grand saladier résistant à la chaleur. Couvrez-les d'eau bouillante, puis laissez-les reposer jusqu'à ce qu'elles soient tendres. Égouttez. Mélangez la viande, la salade de concombres et les nouilles dans un saladier.

Salade de concombres Coupez les pepinos en deux dans le sens de la longueur. Retirez les graines ; détaillez les pepinos en tranches fines. Mélangez le sucre et le vinaigre dans une casserole. Faites chauffer à feu moyen sans faire bouillir jusqu'à ce que le sucre soit dissous. Laissez mijoter 5 minutes jusqu'à ce qu'il ne reste plus que 125 ml de liquide environ. Versez cette préparation sur les pepinos dans un saladier résistant à la chaleur. Remuez bien. Couvrez et conservez toute une nuit au réfrigérateur. Incorporez le piment, les cacahuètes, la coriandre et la menthe.

Par portion lipides 11, 3 g ; 508 kcal

Bœuf sauté aux légumes

Pour 4 personnes.

MARINADE 12 HEURES • PRÉPARATION 15 MINUTES • CUISSON 15 MINUTES

350 g de rumsteck

1 c. s. d'huile d'arachide

1 poivron vert moyen, en tranches fines

300 g de haricots verts

200 g de champignons de Paris, coupés en quatre

60 ml d'eau

80 ml de bouillon de bœuf

80 g de noix de cajou non salées, grillées

Marinade

60 ml de sauce de soja

2 c. s. de sauce hoisin

80 ml de sauce aux prunes

1 c. c. d'huile de sésame

2 c. c. de gingembre frais, râpé

1 gousse d'ail, pilée

1 Coupez la viande en tranches fines ; mélangez-la avec la marinade dans un grand saladier. Couvrez et conservez toute une nuit au réfrigérateur.

2 Égouttez la viande ; jetez la marinade. Faites chauffer l'huile dans un wok ou une grande poêle antiadhésive et faites revenir la viande, jusqu'à ce qu'elle soit légèrement dorée.

3 Ajoutez les légumes et faites-les sauter quelques minutes, puis versez l'eau et le bouillon. Portez à ébullition. Baissez le feu et laissez mijoter jusqu'à ce que les légumes soient tendres. Remettez la viande dans le wok.

4 Servez la viande garnie de noix de cajou.

Marinade Mélangez les ingrédients dans un bol ; remuez bien.

Par portion lipides 17 g ; 360 kcal

Suggestion de présentation vous pouvez accompagner ce bœuf riche en saveurs de riz blanc.

Steaks à la sauce moutarde

Pour 4 personnes.

PRÉPARATION 10 MINUTES • CUISSON 20 MINUTES

3 c. c. d'huile d'olive
4 steaks dans l'aloyau (800 g)
2 tranches de bacon
2 ciboules, émincées
1 c. c. de moutarde de Dijon
1 c. s. de cognac
125 ml de crème fraîche
1 c. s. de persil frais, ciselé
1/2 c. c. de poivre noir concassé
1 c. s. de persil plat frais, haché grossièrement

1 Faites chauffer l'huile dans une grande poêle et faites cuire les steaks à votre convenance. Réservez au chaud.

2 Faites cuire le bacon dans la même poêle jusqu'à ce qu'il soit croustillant. Égouttez-le sur du papier absorbant puis découpez-le en petits morceaux. Incorporez la ciboule, la moutarde, le cognac, la crème, le persil et le poivre dans la poêle et portez à ébullition, en remuant sans cesse. Servez la sauce sur la viande et décorez de persil et de bacon croustillant.

Par portion lipides 27,2 g ; 445 kcal

Suggestion de présentation ce steak sauce moutarde se marient très bien avec des tomates rôties.

Garnitures

Légumes verts sautés à la sauce aux huîtres

Pour 8 personnes.

PRÉPARATION 10 MINUTES • CUISSON 10 MINUTES

1 c. s. d'huile d'arachide
4 gousses d'ail, pilées, émincées
4 petits boy choy, coupés en quatre
600 g de choy sum ou de brocolis chinois, coupés grossièrement
2 c. s. de sauce de soja
80 ml de sauce aux huîtres
1 c. s. de graines de sésame

1 Faites chauffer l'huile d'arachide dans un wok ou une grande poêle et faites revenir l'ail jusqu'à ce qu'il embaume.
2 Ajoutez le bok choy et le choy sum et faites-les sauter jusqu'à ce qu'ils soient juste flétris.
3 Ajoutez les sauces mélangées. Prolongez la cuisson jusqu'à ce que tous les ingrédients soient chauds. Décorez de graines de sésame et servez aussitôt.

Par portion lipides 5,8 g ; 82 kcal

L'ASTUCE DU CHEF

Le tat soi, le chou chinois ou les épinards chinois peuvent également convenir pour cette recette, qui se prépare au dernier moment.

Couscous aux fruits et aux amandes

Pour 4 personnes.

PRÉPARATION 10 MINUTES

400 g de couscous
500 ml de bouillon de volaille bouillant
40 g de beurre
35 g de raisins secs
35 g d'abricots secs, coupés en petits morceaux
35 g d'amandes effilées, grillées
1 c. s. de coriandre fraîche, hachée

1 Mettez le couscous dans un saladier résistant à la chaleur ; versez le bouillon chaud et ajoutez le beurre.
2 Remuez délicatement le couscous à l'aide d'une fourchette jusqu'à ce que tout le liquide soit absorbé.
3 Incorporez les autres ingrédients et mélangez bien.

Par portion lipides 14,2 g ; 547 kcal

Purée de patates douces rôties à la crème aigre

Pour 4 personnes.

PRÉPARATION 10 MINUTES • CUISSON 50 MINUTES

1 grosse patate douce
160 g de crème aigre
1/4 c. c. de mélange d'épices

1 Coupez la patate douce en tronçons de 4 cm ; disposez les morceaux sur une plaque allant au four. Couvrez d'une feuille de papier d'aluminium et faites cuire 50 minutes à four moyen, jusqu'à ce qu'ils soient tendres.
2 Mixez la patate douce avec les autres ingrédients jusqu'à obtention d'une purée lisse.

Par portion lipides 15,6 g ; 235 kcal

L'agneau

L'agneau se prête très bien à des préparations rapides.
Les plus petits morceaux (côtelettes, filets...) sont succulents et simples à apprêter. Ils se marient avec de très nombreuses épices et peuvent être accommodés de différentes façons.

Salade d'agneau aux tomates séchées

Pour 4 personnes.

PRÉPARATION 20 MINUTES • CUISSON 15 MINUTES

500 g de filet d'agneau
1 gousse d'ail, pilée
60 ml de vinaigre balsamique
80 ml d'huile d'olive
50 g de tomates séchées à l'huile, égouttées, coupées en tranches épaisses
15 g de beurre
250 g d'asperges vertes, coupées en gros morceaux
1 poivron rouge moyen, coupé grossièrement
150 g de champignons de Paris, coupés en quatre
80 g de pousses de roquette

1 Faites revenir l'agneau dans une poêle antiadhésive chaude jusqu'à ce qu'il soit doré et cuit à point ; coupez-le en tranches. Mélangez l'agneau, l'ail, le vinaigre, l'huile et la tomate dans un grand saladier.

2 Faites chauffer le beurre dans une casserole et faites cuire les asperges, le poivron, les champignons en remuant bien, jusqu'à ce que les asperges soient tendres. Ajoutez l'agneau, puis remuez délicatement.

3 Servez l'agneau et les légumes sur un lit de roquette.

Par portion lipides 29,8 g ; 419 kcal

Agneau grillé au miel et aux piments

Pour 4 personnes.

PRÉPARATION 10 MINUTES • MARINADE 12 HEURES • CUISSON 10 MINUTES

8 côtelettes d'agneau

Marinade

2 gousses d'ail, pilées
1 c. s. de moutarde à l'ancienne
1 c. c. de zeste de citron râpé
2 c. s. de jus de citron
2 c. s. de miel
2 c. c. de curry en poudre
1 c. c. de sambal oelek
1 c. c. de curcuma moulu

1 Frictionnez l'agneau avec la marinade. Mettez-le dans un grand saladier, couvrez-le et gardez toute une nuit au réfrigérateur.
2 Faites griller la viande au barbecue ou sur un gril en fonte préchauffé.

Marinade Mélangez tous les ingrédients dans un bol ; remuez bien.

Par portion lipides 7,4 g ; 181 kcal

Suggestion de présentation servez avec des asperges, des poivrons rouges grillés et un quartier de citron.

L'ASTUCE DU CHEF

L'agneau mariné peut se congeler quelques semaines.

Agneau au pesto

Pour 4 personnes.

PRÉPARATION 15 MINUTES • CUISSON 10 MINUTES

8 côtes premières

Pesto

80 g de basilic frais
4 gousses d'ail, pilées
125 ml d'huile d'olive
20 g de parmesan râpé

1 Badigeonnez les deux côtés des côtelettes avec la moitié du pesto. Faites griller la viande jusqu'à ce qu'elle soit dorée et cuite à point.
2 Servez avec le reste de pesto.

Pesto Mixez tous les ingrédients jusqu'à obtention d'une pâte homogène. Divisez le pesto en deux parts égales.

Par portion lipides 43,2 g ; 523 kcal

Suggestion de présentation en accompagnement de ce plat italien, proposez des citrons grillés et de la polenta.

L'ASTUCE DU CHEF

Vous pouvez préparer le pesto la veille et le conserver au réfrigérateur.

Côtelettes d'agneau à la sauce aux agrumes

Pour 4 personnes.

PRÉPARATION 10 MINUTES • CUISSON 20 MINUTES

2 c. s. d'huile d'olive
8 côtelettes d'agneau

Sauce aux agrumes

1 c. s. de zeste d'orange râpé
80 ml de jus d'orange
2 c. s. de jus de citron
125 ml de confiture de groseilles
1 c. s. de vinaigre de vin rouge

1 Faites chauffer l'huile dans une grande poêle et faites cuire l'agneau jusqu'à ce qu'il soit tendre et doré.

2 Servez la viande avec la sauce aux agrumes.

Sauce aux agrumes Mélangez le zeste d'orange, les jus d'orange et de citron, la confiture de groseilles et le vinaigre dans une casserole. Faites chauffer à feu moyen en remuant jusqu'à ce que la confiture ait fondu. Portez à ébullition, puis baissez le feu et laissez mijoter sans couvrir jusqu'à épaississement de la sauce.

Par portion lipides 16,2 g ; 286 kcal

Suggestion de présentation vous pouvez servir les côtelettes avec une purée de pommes de terre maison et de feuilles de roquette.

L'astuce du chef

Vous pouvez préparer la sauce la veille et la conserver au réfrigérateur. Réchauffez-la à feu doux au dernier moment.

Agneau mariné au chutney de fruits

Pour 4 personnes.

MARINADE 12 HEURES • PRÉPARATION 5 MINUTES • CUISSON 10 MINUTES

4 côtelettes d'agneau

Marinade

125 ml de chutney aux fruits
2 c. s. d'huile d'olive
2 c. c. de moutarde de Dijon
1/2 c. c. de poivre noir concassé

1 Mélangez l'agneau et la marinade dans un grand saladier. Couvrez et gardez toute une nuit au réfrigérateur.
2 Faites griller la viande au barbecue, jusqu'à ce qu'elle soit tendre.

Marinade Mélangez tous les ingrédients dans un saladier moyen ; remuez bien.

Par portion lipides 13,5 g ; 250 kcal

Suggestion de présentation vous pouvez servir l'agneau avec du riz au safran et des pappadums (galettes indiennes).

L'astuce du chef

Il est aussi possible de congeler les côtelettes marinées.

Agneau grillé à l'indienne

Pour 4 personnes.

MARINADE 12 HEURES • PRÉPARATION 10 MINUTES • CUISSON 10 MINUTES

8 côtelettes d'agneau

250 g de yaourt nature

1 c. s. de coriandre fraîche, hachée menu

Marinade

1 c. s. d'huile d'arachide

1 c. s. de curry en poudre

1 c. c. de cumin moulu

1/2 c. c. de curcuma moulu

2 gousses d'ail, pilées

1 oignon moyen, émincé

2 c. s. de chutney à la mangue

2 c. s. de vinaigre de Xérès

1 Mélangez l'agneau et la marinade dans un grand saladier. Couvrez et placez toute une nuit au réfrigérateur.

2 Retirez la viande de la marinade ; jetez celle-ci. Faites griller l'agneau jusqu'à ce qu'il soit doré et cuit à votre convenance.

3 Mélangez le yaourt et la coriandre et servez-le avec l'agneau grillé.

Par portion lipides 34,2 g ; 572 kcal

Suggestion de présentation ce plat se marie à merveille avec des lentilles rouges et du chou-fleur rôti.

L'ASTUCE DU CHEF

On peut congeler l'agneau mariné.

Brochettes d'agneau au pain pita

Pour 4 personnes.

MARINADE 12 HEURES • PRÉPARATION 25 MINUTES • CUISSON 10 MINUTES

500 g de filet d'agneau, coupé en cubes
2 c. s. d'huile d'olive
8 pitas
80 g de pousses d'épinards
2 tomates moyennes, coupées en tranches épaisses
80 g d'olives noires dénoyautées, coupées en quatre
200 g de feta, émiettée

Marinade

60 ml de jus de citron
2 c. s. d'huile d'olive
1 gousse d'ail, pilée

1 Mélangez l'agneau et la marinade dans un grand saladier. Couvrez et laissez reposer toute une nuit au réfrigérateur.

2 Retirez la viande de la marinade ; réservez celle-ci. Enfilez les cubes d'agneau sur huit brochettes. Faites chauffer la marinade avec l'huile dans une grande poêle et faites cuire les brochettes en les retournant jusqu'à ce qu'elles soient dorées.

3 Servez les brochettes sur du pain pita avec, en accompagnement, les pousses d'épinard, la tomate, les olives et la feta.

Marinade Mélangez tous les ingrédients dans un bol moyen ; remuez bien.

Par portion lipides 39,5 g ; 751 kcal

Côtelettes d'agneau glacées à la prune

Pour 4 personnes.

PRÉPARATION 5 MINUTES • MARINADE 12 HEURES • CUISSON 10 MINUTES

180 ml de sauce aux prunes
1 c. s. de sauce de soja légère
2 gousses d'ail, pilées
1 c. s. de xérès
8 côtelettes d'agneau (800 g)

1 Mélangez la sauce aux prunes, la sauce de soja, l'ail et le xérès dans un grand saladier. Ajoutez l'agneau ; remuez bien. Couvrez et conservez toute une nuit au réfrigérateur.
2 Faites griller l'agneau au barbecue ou sur un gril en fonte préchauffé, jusqu'à ce qu'il soit cuit à votre convenance.

Par portion lipides 13,5 g ; 363 kcal

Suggestion de présentation vous pouvez servir ce plat avec du riz frit aux légumes.

L'ASTUCE DU CHEF

Enrobez bien la viande de sauce avant de la faire griller pour que le goût de la marinade reste très prononcé.

Agneau à la coriandre et aux abricots

Pour 4 personnes.

PRÉPARATION 15 MINUTES • CUISSON 25 MINUTES

1 c. s. d'huile d'arachide
750 g de filet d'agneau
1 oignon moyen, émincé
1 gousse d'ail, pilée
1 c. c. de cumin moulu
1 c. c. de garam masala
60 ml de bouillon de bœuf
825 g de moitiés d'abricots en boîte, avec leur jus
50 g de pousses d'épinards
1 c. s. de coriandre fraîche, ciselée
1 c. s. d'amandes effilées, grillées

1 Faites chauffer l'huile dans une cocotte et faites revenir l'agneau jusqu'à ce qu'il soit doré et cuit à votre convenance. Retirez la viande et coupez-la en tranches fines.
2 Faites sauter l'oignon et l'ail dans le même récipient en remuant bien, jusqu'à ce qu'ils blondissent. Ajoutez les épices, le bouillon et les abricots avec leur jus. Portez à ébullition. Baissez le feu et laissez mijoter 5 minutes.
3 Remettez la viande dans le faitout et laissez cuire en remuant jusqu'à ce qu'elle soit bien chaude. Servez avec les pousses d'épinards garnies de coriandre et d'amandes.

Par portion lipides 13,7 g ; 360 kcal

Suggestion de présentation ce plat s'accompagne à merveille de riz sauvage.

L'astuce du chef

Vous pouvez préparer ce plat la veille et le réchauffer au dernier moment. Seuls les épinards, la coriandre et les amandes seront accommodés au moment de servir.

Pâtes et nouilles

Nouilles sautées au bœuf et à l'ail

Pour 4 personnes.

PRÉPARATION 10 MINUTES • CUISSON 15 MINUTES

500 g de nouilles de riz fraîches
2 c. s. d'huile végétale
750 g de rumsteck, en tranches fines
375 g de légumes mélangés
60 ml de sauce aux piments douce
1 c. s. de jus de citron vert

1 Mettez les nouilles dans un saladier résistant à la chaleur. Couvrez d'eau bouillante, puis laissez reposer 5 minutes. Égouttez.
2 Faites chauffer la moitié de l'huile dans un wok ou une grande poêle et faites revenir la viande en plusieurs fois, jusqu'à ce qu'elle soit bien dorée. Réservez.
3 Versez le reste d'huile dans le wok et faites sauter les légumes jusqu'à ce qu'ils soient chauds et juste tendres.
4 Remettez la viande dans le wok avec les nouilles, la sauce et le jus de citron vert. Réchauffez le tout sans cesser de remuer.

Par portion lipides 21,4 g ; 513 kcal

Nouilles sautées au poulet

Pour 4 personnes.

PRÉPARATION 10 MINUTES • CUISSON 15 MINUTES

600 g de nouilles hokkien
1 c. s. d'huile d'arachide
750 g de blancs de poulet, en tranches épaisses
250 ml de sauce Satay, en bocal
4 ciboules, en tranches épaisses
30 g de feuilles de coriandre fraîche

1 Rincez les nouilles sous l'eau chaude en les séparant à la fourchette ; égouttez-les.
2 Faites chauffer l'huile dans un wok ou une grande poêle et faites revenir les morceaux de poulet, jusqu'à ce qu'ils soient dorés et cuits à point.
3 Ajoutez les nouilles, la sauce, la ciboule et la coriandre dans le wok et prolongez la cuisson jusqu'à ce que le tout soit bien chaud.

Par portion lipides 21,7 g ; 650 kcal

Spaghettis à l'ail et aux piments

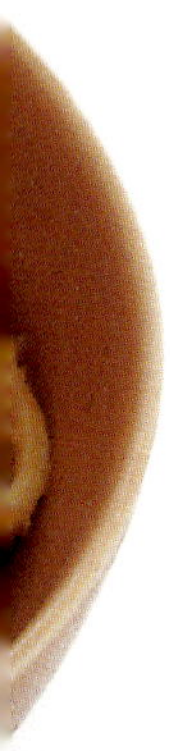

Pour 4 personnes.

PRÉPARATION 10 MINUTES • CUISSON 20 MINUTES

40 g de pignons de pin
180 ml d'huile d'olive
180 g de chapelure
2 gousses d'ail, pilées
2 c. c. de piment en poudre
375 g de spaghettis
190 g de pesto de basilic, en bocal
40 g de parmesan, émietté

1 Faites dorer à sec (sans matière grasse) les pignons dans une poêle antiadhésive, en remuant. Réservez.
2 Faites chauffer 60 ml d'huile dans la même poêle et faites sauter la chapelure, l'ail et le piment en remuant, jusqu'à ce que la chapelure soit dorée et croustillante. Réservez.
3 Faites cuire les pâtes dans un grand volume d'eau bouillante salée, jusqu'à ce qu'elles soient *al dente*. Égouttez.
4 Pendant ce temps, faites chauffer le reste d'huile ; ajoutez le pesto et laissez sur le feu, en remuant bien, jusqu'à ce que le mélange soit chaud.
5 Dans un grand saladier, mélangez les pâtes, le pesto, les pignons, la chapelure à l'ail et au piment et le parmesan. Remuez et servez aussitôt.

Par portion lipides 67,2 g ; 1 107 kcal

Le porc

Rôti, grillé, sauté ou en sauce, le porc permet de réaliser de savoureuses recettes en un temps record. Si vous choisissez des morceaux maigres, surveillez attentivement la cuisson car ces parties ont tendance à se dessécher. Enfin, sachez que le porc est une viande qui se mange bien blanche, donc bien cuite…

Porc aux anchois et aux pignons de pin

Pour 4 personnes.

PRÉPARATION 10 MINUTES • CUISSON 25 MINUTES

1 c. s. d'huile d'olive
4 côtes de porc
2 gousses d'ail, pilées
200 g de petits champignons de Paris, émincés
1 tomate moyenne, épépinée, hachée menu
45 g de filets d'anchois en boîte, égouttés, hachés menu
125 ml de vin rouge sec
125 ml d'eau
1 c. c. de sucre
1 c. s. de vinaigre de vin blanc
60 g de beurre, coupé grossièrement
2 c. s. de persil frais, ciselé grossièrement
90 g de pignons

1 Faites chauffer l'huile dans une poêle et faites cuire le porc jusqu'à ce qu'il soit à point et légèrement doré. Réservez au chaud.

2 Ajoutez dans la poêle l'ail, les champignons, la tomate et les anchois. Faites-les revenir en remuant jusqu'à ce que les champignons soient tendres.

3 Versez le vin, l'eau, le sucre et le vinaigre, puis portez à ébullition. Baissez le feu et laissez mijoter sans couvrir 10 minutes.

4 Retirez la poêle du feu. Incorporez rapidement le beurre, le persil et les pignons de pin. Servez la viande nappée de sauce.

Par portion lipides 30,2 g ; 434 kcal

Suggestion de présentation cette recette s'accomode très bien avec une salade verte et une purée de pommes de terre maison

L'ASTUCE DU CHEF

Pour gagner du temps, vous pouvez préparer la sauce la veille jusqu'à l'étape 3. Finissez la sauce et faites cuire la viande au moment de servir.

Porc aux piments doux et aux poivrons

Pour 4 personnes.

PRÉPARATION 15 MINUTES • CUISSON 20 MINUTES

2 c. s. d'huile d'olive
4 escalopes de porc
2 oignons moyens, émincés
1 gousse d'ail, pilée
1 c. c. de sambal oelek
1 poivron rouge moyen, haché
1 poivron vert moyen, haché
1 poivron jaune moyen, haché
400 ml de lait de coco
1 c. c. de sucre

1 Faites chauffer la moitié de l'huile dans une grande poêle et faites revenir la viande jusqu'à ce qu'elle soit cuite à point. Réservez.
2 Faites chauffer le reste de l'huile dans une autre poêle et faites sauter l'oignon avec l'ail, le sambal oelek et les poivrons, en remuant régulièrement, jusqu'à ce que l'oignon soit tendre.
3 Incorporez le lait de coco et le sucre, puis portez à ébullition, sans cesser de remuer.
4 Remettez la viande dans la poêle et laissez mijoter à feu doux jusqu'à ce qu'elle soit bien chaude.

Par portion lipides 31,1 g ; 500 kcal

Suggestion de présentation ce porc à la saveur aigre-douce se marie à merveille avec du riz blanc parsemé de persil.

L'ASTUCE DU CHEF

Vous pouvez préparer la sauce la veille et la réchauffer à feu doux pendant que vous faites cuire la viande.

Travers de porc à la diable

Pour 4 personnes.

PRÉPARATION 10 MINUTES • MARINADE 12 HEURES • CUISSON 20 MINUTES

2 kg de travers de porc, dégraissés et parés
425 g de purée de tomates
2 c. s. de sauce Worcestershire
2 c. c. de moutarde
1 oignon moyen, émincé
50 g de sucre roux
125 ml de vinaigre de Xérès
125 ml d'huile végétale

1 Mélangez tous les ingrédients dans un grand saladier. Couvrez et laissez reposer toute une nuit au réfrigérateur, en retournant régulièrement les travers de porc.
2 Égouttez la viande et jetez la marinade. Disposez les travers de porc sur une grille métallique, au-dessus d'un plat à rôtir ou d'une lèchefrite, et faites-les griller four très chaud jusqu'à ce qu'ils soient cuits et dorés.

Par portion lipides 37,2 g ; 622 kcal

Suggestion de présentation servez avec du coleslaw (salade de choux blanc cru) ou des tomates cerises et une salade de concombre.

L'ASTUCE DU CHEF

Les travers marinés peuvent être congelés quelques semaines.

Rôti de porc au miel et à la sauce de soja

Pour 4 personnes.

PRÉPARATION 10 MINUTES • CUISSON 30 MINUTES

2 filets mignons moyens (700 g)
750 g de patates douces, en tranches épaisses
1 c. s. de moutarde à l'ancienne
2 c. s. de miel
1 c. s. de sauce de soja
4 ciboules, en tranches fines

1 Disposez la viande et les patates douces dans un plat à rôtir graissé, puis nappez-les du mélange de moutarde, de miel et de sauce de soja. Remuez pour bien les enrober.

3 Faites rôtir 30 minutes à four très chaud, jusqu'à ce que viande et légumes soient cuits.

4 Coupez les filets mignons en tranches. Servez avec les patates douces garnies de ciboule. Arrosez de jus de cuisson.

Par portion lipides 4,4 g ; 360 kcal

Suggestion de présentation vous pouvez, en plus des patates douces, décorer les assiettes de quelques pois mange-tout cuits à la vapeur.

L'ASTUCE DU CHEF

Vous pouvez faire mariner la viande toute une nuit dans le mélange de moutarde, miel et sauce de soja.

Porc au gingembre et à l'orange

Pour 4 personnes.

PRÉPARATION 10 MINUTES • MARINADE 12 HEURES • CUISSON 10 MINUTES

4 escalopes de porc (625 g)
2 c. s. d'huile d'arachide

Marinade

1 c. c. de zeste d'orange râpé
250 ml de jus d'orange
2 c. s. de sauce de soja légère
2 c. c. de sucre roux
1 c. c. de gingembre frais râpé
1 gousse d'ail, pilée

1. Mélangez la viande et la marinade dans un grand saladier. Couvrez et laissez reposer toute une nuit au réfrigérateur.
2. Retirez la viande de la marinade. Réservez celle-ci.
3. Faites chauffer l'huile dans une grande poêle et faites revenir la viande jusqu'à ce qu'elle soit dorée. Ajoutez la marinade et portez à ébullition. Baissez le feu, couvrez et laissez mijoter 5 minutes, jusqu'à ce que la viande soit cuite à point. Servez le porc avec la sauce.

Marinade Mélangez tous les ingrédients dans un saladier et remuez bien.

Par portion lipides 14,7 g ; 300 kcal

Suggestion de présentation accompagnez ce plat de carottes nouvelles cuites à la vapeur et de purée de navets.

Pizza au jambon et aux poivrons

Pour 4 personnes.

PRÉPARATION 20 MINUTES • CUISSON 10 MINUTES

125 ml de concentré de tomates

125 ml de sauce tomate

335 g de pâte à pizza

160 g de jambon, en copeaux

100 g de salami, en tranches

1 poivron vert moyen, en tranches fines

80 g de petits champignons de Paris, émincés

200 g de mozzarella, râpée

1 c. s. de persil frais, haché

1 Mélangez le concentré de tomates et la sauce tomate dans un plat.

2 Étalez le mélange sur la pâte à pizza, garnissez de jambon, de salami, de poivron, de champignons et de fromage. Saupoudrez de persil.

3 Mettez la pizza sur une plaque du four et faites-la cuire 10 minutes à four très chaud, jusqu'à ce qu'elle soit dorée.

Par portion lipides 25,3 g ; 605 kcal

Suggestion de présentation la pizza s'accompagne très bien d'une salade verte.

Le veau

Le veau est une viande délicate, contenant très peu de graisses.
Il est préférable de le faire cuire à feu doux. Idéal dans les plats méditerranéens, cuisinés avec des tomates, des poivrons, de l'ail, des câpres, du basilic et du parmesan, il se prête à de très nombreuses préparations qui séduiront grands et petits.

Veau gratiné aux deux fromages

Pour 4 personnes.

PRÉPARATION 15 MINUTES • CUISSON 20 MINUTES

1 c. s. d'huile d'olive
4 escalopes de veau
250 ml de sauce tomate
100 g de mozzarella, râpée
40 g de parmesan, râpé

1 Faites chauffer l'huile dans une grande poêle et faites revenir le veau jusqu'à ce qu'il soit légèrement doré et cuit à point. Mettez-le dans un plat à gratin peu profond.
2 Dans la poêle chaude, versez la sauce tomate et laissez mijoter jusqu'à ce qu'elle soit chaude.
3 Nappez le veau de sauce. Garnissez de mozzarella et de parmesan et faites gratiner le tout au four, jusqu'à ce que les fromages soient fondus et légèrement dorés.

Par portion lipides 16,5 g ; 326 kcal

Suggestion de présentation vous pouvez servir ce plat avec des asperges vertes, des pommes de terre et des oignons rôtis.

L'ASTUCE DU CHEF

Vous pouvez préparer ce plat trois heures à l'avance et le conserver au réfrigérateur jusqu'au moment de le faire gratiner ; dans ce cas, prolongez la cuisson jusqu'à ce que la viande soit bien chaude.

Veau au marsala

Pour 4 personnes.

PRÉPARATION 5 MINUTES • CUISSON 15 MINUTES

2 c. s. d'huile d'olive
4 escalopes de veau
1 oignon moyen, émincé
250 g de petits champignons de Paris, émincés
60 ml de marsala
160 ml de bouillon de bœuf
1 c. s. de ciboulette fraîche, ciselée

1 Faites chauffer l'huile dans une grande poêle et faites cuire le veau à feu doux jusqu'à ce qu'il soit à point et légèrement doré. Réservez. Faites revenir l'oignon dans la même poêle jusqu'à ce qu'il blondisse.

2 Ajoutez les champignons, le marsala et le bouillon. Portez à ébullition et laissez épaissir la sauce. Coupez la viande en deux dans le sens de la longueur, nappez de sauce et saupoudrez de ciboulette.

Par portion lipides 12,5 g ; 273 kcal

Suggestion de présentation ce veau au marsala se marie à merveille avec de la polenta.

Veau aux asperges et aux pois mange-tout

Pour 4 personnes.

PRÉPARATION 10 MINUTES • CUISSON 15 MINUTES

50 g de beurre
1 c. s. d'huile d'olive
2 gousses d'ail, pilées
4 escalopes de veau
12 asperges vertes fraîches, coupées grossièrement
200 g de pois mange-tout, en tranches fines
250 g de tomates cerises, coupées en deux
125 ml de bouillon de bœuf

1 Faites chauffer le beurre, l'huile et l'ail dans une grande poêle et faites revenir le veau jusqu'à ce qu'il soit légèrement doré et cuit à point. Réservez.

2 Mettez les asperges, les pois mange-tout et les tomates dans la poêle et faites-les cuire 1 minute en remuant.

3 Versez le bouillon et prolongez la cuisson à feu vif jusqu'à ébullition. Servez la viande accompagnée des légumes.

Par portion lipides 18,2 g ; 314 kcal

Suggestion de présentation vous pouvez accompagner ce plat de pommes de terre rôties aux herbes.

Tortellinis aux tomates fraîches

Pour 4 personnes.

PRÉPARATION 10 MINUTES • CUISSON 25 MINUTES

625 g de tortellinis au veau
60 ml d'huile d'olive
1 oignon moyen, coupé grossièrement
2 gousses d'ail, pilées
5 tomates mûres moyennes, pelées et coupées grossièrement
180 ml de bouillon de légumes
2 c. s. de parmesan, en copeaux
2 c. s. de petites feuilles de basilic frais
60 ml de vinaigre balsamique

1 Faites cuire les tortellinis dans un grand volume d'eau bouillante salée jusqu'à ce qu'elles soient *al dente*. Égouttez.

2 Pendant ce temps, faites chauffer la moitié de l'huile dans une poêle et faites revenir l'oignon et l'ail jusqu'à ce qu'ils blondissent. Ajoutez les tomates et le bouillon. Couvrez et laissez cuire 10 minutes à feu moyen, jusqu'à ce que les tomates soient tendres.

3 Répartissez les tortellinis dans les assiettes de service chaudes, recouvrez de sauce tomate, ajoutez le reste d'huile et garnissez de parmesan et de basilic. Arrosez enfin d'un filet de vinaigre balsamique et servez aussitôt.

Par portion lipides 21,1 g ; 410 kcal

L'astuce du chef

Vous pouvez remplacer les tortellinis par des raviolis. Prenez soin de préparez la sauce pendant que les pâtes cuisent afin que tous les ingrédients soient bien chauds au moment de servir.

Veau aux câpres

Pour 4 personnes.

PRÉPARATION 5 MINUTES • CUISSON 15 MINUTES

2 c. s. d'huile d'olive
8 petites escalopes de veau
2 gousses d'ail, pilées
125 ml de vin blanc sec
125 ml de bouillon de bœuf
2 c. s. de persil plat frais, ciselé
50 g de câpres, hachées grossièrement

1 Faites chauffer l'huile dans une grande poêle et faites revenir le veau jusqu'à ce qu'il soit doré des deux côtés et cuit à point. Réservez et couvrez pour garder au chaud. Ajoutez l'ail dans la poêle, laissez cuire en remuant jusqu'à ce qu'il embaume.

2 Versez le vin et portez à ébullition. Incorporez le bouillon, puis baissez et laissez mijoter 2 minutes. Ajoutez le persil et les câpres. Découpez le veau en tranches et servez-le nappé de sauce.

Par portion lipides 14,1 g ; 325 kcal

Suggestion de présentation ce plat, riche en saveurs, peut s'accompagner d'une purée de pommes de terre maison.

L'astuce du chef

Les câpres sont généralement vendues en saumure ou salées. Rincez-les rapidement avant utilisation.

Côtelettes de veau aux tomates séchées

Pour 6 personnes.

PRÉPARATION 15 MINUTES • CUISSON 25 MINUTES

75 g de tomates séchées à l'huile, égouttées
1 gousse d'ail, pilée
2 c. s. de basilic frais, haché
1 c. c. de sucre roux
80 ml d'huile d'olive
12 petites côtelettes de veau

1 Mixez les tomates, l'ail, le basilic, le sucre et 60 ml d'huile jusqu'à obtention d'une pâte homogène.
2 Dégraissez le veau. Faites chauffer le reste d'huile dans une poêle et faites dorer les côtelettes sur toutes les faces.
3 Retirez-les de la poêle et recouvrez-les du mélange à base de tomates séchées. Disposez les côtelettes sur une grille métallique et faites-les rôtir 15 minutes à four chaud, au-dessus d'une lèchefrite, jusqu'à ce qu'elles soient bien cuites.

Par portion lipides 36,9 g ; 532 kcal

Suggestion de présentation vous pouvez servir ce plat avec des patates douces rôties et quelques feuilles de salade.

L'astuce du chef

La pâte à base de tomates séchées peut se conserver un jour au réfrigérateur. La viande, en revanche, doit être cuite au dernier moment.

Poissons et fruits de mer

Poissons et fruits de mer sont idéaux pour les personnes qui doivent limiter les apports en graisses. Ils se prêtent à des préparations rapides et très simples, à la portée de tous les cuisiniers, même les moins expérimentés. Choisissez de préférence des produits frais aux produits congelés. Quant aux conserves, utilisez sans restriction anchois et thon, qui permettent de confectionner de délicieux plats en un tour de main.

Moules aux tomates et à l'ail

Pour 4 personnes.

PRÉPARATION 20 MINUTES • CUISSON 25 MINUTES

1,5 kg de petites moules

250 ml d'eau

2 c. s. de persil plat frais, haché grossièrement

Sauce tomate à l'ail

2 c. s. d'huile d'olive

1 oignon blanc moyen, émincé

6 gousses d'ail, pilées

1 poivron vert moyen, en petits morceaux

100 g de champignons de Paris, coupés grossièrement

410 g de tomates en boîte

425 g de concentré de tomates

250 ml d'eau

1 Frottez les moules ; ôtez les barbes. Faites chauffer l'eau et les moules à feu vif dans un grand faitout couvert, jusqu'à ce qu'elles s'ouvrent toutes (comptez environ 5 minutes). Jetez les moules restées fermées.

2 Égouttez les moules puis mettez-les dans un grand saladier. Versez dessus la sauce tomate à l'ail, bien chaude. Saupoudrez de persil et servez.

Sauce tomate à l'ail Faites chauffer l'huile dans une grande poêle et faites revenir l'oignon et l'ail en remuant, jusqu'à ce qu'ils blondissent. Ajoutez le poivron et les champignons. Prolongez la cuisson en remuant jusqu'à ce que les légumes soient tendres. Incorporez les tomates concassées avec leur jus, le concentré de tomates et l'eau. Portez à ébullition. Baissez le feu et laissez mijoter jusqu'à épaississement.

Par portion lipides 11,1 g ; 222 kcal

L'ASTUCE DU CHEF

Commencez par préparer la sauce avant de faire cuire les moules et gardez-la au chaud. Si vous disposez d'un peu de temps, remplacez les tomates en boîte par des tomates fraîches bien mûres, épluchées et coupées en petits dés.

Spaghettis aux fruits de mer

Pour 4 personnes.

PRÉPARATION 15 MINUTES • CUISSON 10 MINUTES

375 g de spaghettis
60 ml d'huile d'olive
500 g de crevettes crues, décortiquées
500 g de noix de Saint-Jacques
2 gousses d'ail, pilées
150 g de pois mange-tout, coupés grossièrement
40 g de persil plat frais, ciselé grossièrement
2 c. s. de ciboulette fraîche, ciselée grossièrement
2 c. c. de zeste de citron, râpé
80 ml de jus de citron
1 c. c. de poivre noir, concassé

1 Faites cuire les pâtes dans un grand volume d'eau bouillante salée jusqu'à ce qu'elles soient *al dente*. Égouttez.

2 Pendant ce temps, faites chauffer l'huile dans un wok ou une grande poêle et faites sauter les crevettes, les noix de Saint-Jacques et l'ail jusqu'à ce que les fruits de mer soient cuits.

3 Ajoutez les pois mange-tout, le persil et la ciboulette, le zeste de citron, le jus de citron et le poivre. Remuez bien. Versez ce mélange sur les pâtes chaudes, dans un grand saladier.

Par portion lipides 16,1 g ; 569 kcal

L'ASTUCE DU CHEF

Ce plat se prépare au dernier moment. Veillez à ce que les fruits de mer soient juste prêts au moment où les pâtes finissent de cuire car cette recette se déguste bien chaude.

Crevettes sautées au curry

Pour 4 personnes.

PRÉPARATION 15 MINUTES • CUISSON 10 MINUTES

375 g de linguine
1 carotte moyenne
1 courgette moyenne
1 c. s. d'huile d'arachide
2 c. c. de curry en poudre
2 c. c. de sauce de soja légère
500 g de crevettes cuites, décortiquées
180 ml de fumet de poisson
3 ciboules, hachées menu

1 Faites cuire les pâtes dans un grand volume d'eau bouillante salée, jusqu'à ce qu'elles soient *al dente*. Égouttez.

2 Pendant ce temps, détaillez la carotte et la courgette en fines lanières à l'aide d'un épluche-légumes.

3 Faites chauffer l'huile dans une grande poêle et faites revenir le curry pendant 1 minute, en remuant. Ajoutez la sauce de soja, les crevettes et le fumet. Prolongez la cuisson à feu vif jusqu'à ébullition.

4 Mélangez les crevettes en sauce, la courgette et la carotte, la ciboule et les pâtes.

Par portion lipides 5,3 g ; 117 kcal

L'astuce du chef

Ce plat se prépare au dernier moment. Veillez à ce que les crevettes soient prêtes au moment où les pâtes finissent de cuire car cette recette se déguste bien chaude.

Riz sauté aux fruits de mer

Pour 4 personnes.

PRÉPARATION 10 MINUTES • CUISSON 20 MINUTES

30 g de beurre
500 g de mélange de fruits de mer
1 c. s. d'huile d'olive
1 gousse d'ail, pilée
200 g de petits champignons de Paris, émincés
100 g de pois mange-tout, en tranches fines
4 ciboules, hachées menu
75 g de saumon fumé en tranches, coupé grossièrement
800 g de riz blanc cuit
2 c. s. de persil frais, haché grossièrement
60 ml de jus de citron
20 g de parmesan

1 Faites fondre le beurre dans une grande poêle et faites cuire les fruits de mer jusqu'à ce qu'ils soient tendres. Réservez au chaud.

2 Faites chauffer l'huile dans la même poêle et faites revenir l'ail, les champignons et les pois mange-tout, en remuant régulièrement, jusqu'à ce que les pois mange-tout soient tendres.

3 Ajoutez les fruits de mer, la ciboule, le saumon, le riz, le persil et le jus de citron. Laissez cuire à feu vif en remuant sans cesse, jusqu'à ce que le tout soit bien chaud. Saupoudrez de parmesan et servez aussitôt.

Par portion lipides 18,2 g ; 1 051 kcal

L'ASTUCE DU CHEF

Pour obtenir un riz un peu craquant, faites-le cuire la veille, égouttez-le bien, étalez-le dans un grand plat et réservez-le au frais toute une nuit avant de le mélanger aux autres ingrédients.

Spaghettis aux tomates et aux anchois

Pour 4 personnes.

PRÉPARATION 10 MINUTES • CUISSON 10 MINUTES

500 g de spaghettis
1 c. s. d'huile d'olive
2 poivrons rouges moyens, en tranches fines
2 poivrons jaunes moyens, en tranches fines
5 ciboules, émincées
2 x 410 g de tomates en boîte
2 x 56 g de filets d'anchois en boîte, égouttés, coupés en petits morceaux
2 c. s. de ciboulette fraîche, ciselée
2 c. s. de persil frais, ciselé

1. Faites cuire les pâtes dans un grand volume d'eau bouillante salée, jusqu'à ce qu'elles soient *al dente*. Égouttez.
2. Pendant ce temps, faites chauffer l'huile dans une grande poêle et faites revenir les poivrons 1 minute en remuant.
3. Ajoutez la ciboule, les tomates concassées avec leur jus, les anchois et les herbes. Portez à ébullition. Baissez le feu et laissez mijoter 8 minutes sans couvrir, jusqu'à épaississement.
4. Versez cette préparation sur les pâtes bien égouttées et servez aussitôt.

Par portion lipides 8,1 g ; 564 kcal

L'ASTUCE DU CHEF

Vous pouvez préparer la sauce la veille et la conserver au réfrigérateur.

Crevettes sautées aux épices

Pour 4 personnes.

PRÉPARATION 25 MINUTES • CUISSON 15 MINUTES

1 kg de gambas ou de grosses crevettes, crues

2 oignons blancs moyens

2 c. s. d'huile d'arachide

300 g de germes de soja

Pesto aux épices

30 g de basilic frais, haché

2 c. s. de coriandre fraîche, ciselée

60 ml d'huile d'arachide

2 c. c. de sambal oelek

4 gousses d'ail, pilées

1 c. c. de gingembre frais, râpé

2 c. s. de xérès

1 c. c. d'huile de sésame

1 Décortiquez les crevettes en ôtant la veine centrale et en laissant les queues intactes. Mélangez les crevettes et le pesto dans un grand saladier.

2 Coupez les oignons en quatre. Faites chauffer l'huile dans un wok ou une grande poêle et faites revenir les quartiers d'oignon jusqu'à ce qu'ils soient tendres. Ajoutez les crevettes et faites sauter le tout jusqu'à ce qu'elles soient cuites. Ajoutez enfin les germes de soja et prolongez la cuisson jusqu'à ce qu'ils soient juste chauds.

Pesto aux épices Mixez tous les ingrédients jusqu'à obtention d'une pâte homogène.

Par portion lipides 24,9 g ; 375 kcal

L'ASTUCE DU CHEF

Le pesto peut être préparé trois jours à l'avance et conservé au frais. Vous pouvez accompagner ce plat de nouilles chinoises.

Pavé de saumon au beurre noir citronné

Pour 4 personnes.

PRÉPARATION 15 MINUTES • CUISSON 10 MINUTES

4 pavés de saumon (800 g)
20 g de beurre fondu
2 c. c. de poivre noir concassé
1 1/2 c. c. de paprika doux
1 1/2 c. c. de thym séché
1 1/2 c. c. de moutarde en poudre
1 1/2 c. c. de cumin moulu

Beurre noir citronné

60 g de beurre fondu
1 c. s. de jus de citron
2 ciboules, émincées

1 Badigeonnez les pavés de saumon de beurre fondu, puis saupoudrez-les uniformément avec le reste des ingrédients.
2 Faites cuire le poisson au barbecue jusqu'à ce qu'il soit à votre convenance.
3 Servez le saumon arrosé de beurre noir citronné.

Beurre noir citronné Faites fondre le beurre dans une casserole jusqu'à ce qu'il se colore. Incorporez le jus de citron et la ciboule.

Par portion lipides 28,2 g ; 284 kcal

Suggestion de présentation ce plat citronné s'accompagne à merveille d'une purée de pommes de terre maison à l'huile d'olive.

L'ASTUCE DU CHEF

Pour cette recette, n'importe quel poisson à chair ferme peut convenir : thon (à servir mi-cuit de préférence), bar, saint-pierre, turbot…

Darnes de saumon aux piments et à la coriandre

Pour 6 personnes.

PRÉPARATION 15 MINUTES • CUISSON 10 MINUTES

6 darnes de saumon (1,2 kg)
2 c. c. de graines de cumin

Sauce aux piments et à la coriandre

8 ciboules, hachées grossièrement
3 gousses d'ail, pilées
3 petits piments rouges, épépinés, coupés en petits morceaux
1 c. s. de racine de coriandre, hachée
2 c. s. de sucre roux
2 c. s. de nuoc mâm
60 ml de jus de citron vert frais

1 Saupoudrez les deux côtés des darnes de saumon de cumin.
2 Faites cuire le poisson dans une grande poêle légèrement graissée jusqu'à ce qu'il soit doré des deux côtés.
3 Servez le poisson avec la sauce aux piments et à la coriandre.

Sauce aux piments et à la coriandre Mixez la ciboule, l'ail, le piment, la coriandre et le sucre jusqu'à ce que le tout soit finement haché. Incorporez la sauce et le jus de citron, sans cesser de mixer, jusqu'à obtention d'une pâte presque lisse.

Par portion lipides 12,1 g ; 273 kcal

Suggestion de présentation accompagnez ce plat de pommes de terre rôties et de quartiers de citron.

L'ASTUCE DU CHEF

Vous pouvez remplacer le saumon par de la truite saumonée ou par des filets de poisson à chair blanche et ferme.

Pâtes au thon et aux poivrons

Pour 4 personnes.

PRÉPARATION 10 MINUTES • CUISSON 15 MINUTES

300 g de conchigrie
2 c. s. d'huile d'olive
1 oignon moyen, émincé
4 gousses d'ail, pilées
410 g de poivrons rouges en boîte, égouttés, coupés en tranches fines
425 g de thon en boîte, égoutté et émietté
250 ml d'eau
60 ml de jus de citron
30 g de feuilles de basilic frais, en lanières

1 Faites cuire les pâtes dans un grand volume d'eau bouillante salée, jusqu'à ce qu'elles soient *al dente*. Égouttez.
2 Pendant ce temps, faites chauffer l'huile dans une grande poêle et faites revenir l'oignon et l'ail en remuant régulièrement.
3 Incorporez les poivrons en tranches, le thon, l'eau et le jus de citron. Portez à ébullition. Retirez du feu et ajoutez le basilic. Nappez les pâtes de sauce.

Par portion lipides 10,9 g ; 456 kcal

L'ASTUCE DU CHEF

Vous pouvez préparer la sauce la veille et la conserver au réfrigérateur. Si vous disposez d'un peu de temps, remplacez les poivrons en boîte par des poivrons frais grillés.

Poisson grillé aux épices

Pour 4 personnes.

PRÉPARATION 15 MINUTES • MARINADE 12 HEURES • CUISSON 20 MINUTES

4 darnes de poisson à chair blanche (1 kg)
2 c. s. d'huile d'arachide

Marinade

1 c. s. de paprika
2 c. c. de gingembre moulu
1 c. c. de curry en poudre
1/4 c. c. de piments en poudre
60 ml de vinaigre de Xérès
60 ml de concentré de tomates
250 ml de vin blanc sec
2 gousses d'ail, pilées

1 Mélangez le poisson et la marinade dans un grand saladier. Couvrez et laissez reposer toute une nuit au réfrigérateur.
2 Retirez le poisson de la marinade ; jetez celle-ci.
3 Faites chauffer l'huile sur un gril en fonte ou dans une grande poêle épaisse et faites cuire le poisson.

Marinade Mélangez tous les ingrédients dans un bol et remuez bien.

Par portion lipides 14,1 g ; 352 kcal

Suggestion de présentation vous pouvez servir ce plat oriental avec du couscous aux herbes et aux citrons confits.

Les plats végétariens

La cuisine végétarienne n'est pas forcément fade et sans relief. Il suffit de savoir jouer avec les épices et les aromates. En outre, nombre de recettes sont simples et rapides à préparer. Si vous optez pour ce type d'alimentation, consommez régulièrement légumes secs, tofu, œufs et riz pour absorber les nutriments dont votre corps a besoin.

Frittata aux légumes et au fromage

Pour 4 personnes.

PRÉPARATION 15 MINUTES • CUISSON 25 MINUTES

2 c. s. d'huile d'olive
2 oignons rouges moyens, émincés
1 gousse d'ail, pilée
2 courgettes moyennes, râpées
250 g de petits champignons de Paris, émincés
1 c. s. de ciboulette fraîche, hachée
2 c. s. de basilic frais, haché
1 c. c. de poivre noir concassé
8 œufs, légèrement battus
100 g de mozzarella, râpée

1 Faites chauffer l'huile dans une poêle antiadhésive et faites revenir l'oignon et l'ail jusqu'à ce qu'ils blondissent.

2 Ajoutez les courgettes et les champignons. Prolongez la cuisson jusqu'à ce que les légumes soient tendres. Ajoutez les herbes et poivrez.

3 Baissez le feu et versez les œufs battus sur les légumes. Faites cuire à feu doux sans remuer jusqu'à ce que la base soit légèrement dorée et le haut presque ferme. Saupoudrez de mozzarella et glissez la préparation dans un plat rond peu profond allant au four. Placez la frittata sous le gril du four et laissez cuire jusqu'à ce que le dessus de la frittata soit légèrement doré. Coupez la frittata en tranches et servez.

Par portion lipides 25,6 g ; 354 kcal

Nouilles sautées aux épinards et au tofu

Pour 4 personnes.

PRÉPARATION 15 MINUTES • CUISSON 15 MINUTES

375 g de nouilles fraîches aux œufs
375 g de tofu ferme, égoutté
60 ml d'huile d'arachide
3 c. c. d'huile de sésame
1 c. s. de gingembre frais râpé
1/2 c. c. de curcuma moulu
1 c. c. de Maïzena
60 ml de sauce de soja légère
1 c. s. de sambal oelek
60 ml de jus de citron
300 g de germes de soja
45 g de pousses d'épinards

1 Mettez les nouilles dans un saladier moyen et couvrez-les d'eau bouillante. Laissez reposer 1 minute, puis égouttez.

2 Coupez le tofu en dés de 1 cm. Faites chauffer l'huile dans un wok ou une grande poêle et faites sauter le tofu jusqu'à ce qu'il soit légèrement doré. Égouttez sur du papier absorbant. Nettoyez le wok avec du papier absorbant.

3 Versez l'huile de sésame dans le wok et faites chauffer le gingembre et le curcuma, jusqu'à ce que le mélange embaume.

4 Ajoutez les nouilles, le tofu, la Maïzena délayée dans la sauce de soja, le sambal oelek, le jus de citron et les germes de soja. Portez à ébullition et laissez cuire jusqu'à épaississement de la sauce. Incorporez les épinards et servez aussitôt.

Par portion lipides 23,3 g ; 532 kcal

Salade de pois chiches aux oignons rouges

Pour 4 personnes.

PRÉPARATION 15 MINUTES

440 g de pois chiches en boîte, rincés et égouttés
4 ciboules, hachées grossièrement
1 oignon rouge moyen, haché
1 poivron rouge moyen, haché
4 tomates moyennes, hachées grossièrement
100 g de feuilles de salade

Vinaigrette

1 c. s. d'origan frais, haché grossièrement
2 c. s. de jus de citron
1 c. s. de vinaigre de vin blanc
60 ml d'huile d'olive

1 Mélangez les pois chiches, la ciboule, l'oignon et le poivron dans un saladier.

2 Arrosez la salade de vinaigrette. Couvrez et placez 20 minutes au réfrigérateur. Ajoutez les tomates ; mélangez bien. Servez dans des bols individuels tapissés de feuilles de salade.

Vinaigrette Mélangez tous les ingrédients dans un bocal à couvercle et agitez vigoureusement.

Par portion lipides 15,5 g ; 237 kcal

L'ASTUCE DU CHEF

Cette salade, parfaite pour les grands buffets froids, peut être préparée plusieurs heures à l'avance et conservée au réfrigérateur. La vinaigrette se conserve jusqu'à trois jours dans son bocal fermé.

Soupe de légumes au pesto

Pour 4 personnes.

PRÉPARATION 25 MINUTES • CUISSON 20 MINUTES

30 g de beurre
1 carotte moyenne, coupée en petits dés
1 pomme de terre moyenne, coupée en petits dés
60 g de haricots verts, coupés en petits dés
1 courgette moyenne, coupée en petits dés
1 oignon blanc moyen, émincé
410 g de tomates en boîte
2 c. s. de farine blanche
2 c. s. de concentré de tomates
750 ml de bouillon de légumes
2 c. c. de sucre
310 g de haricots beurre en boîte, rincés et égouttés

Pesto

80 g de basilic frais
20 feuilles de pousses d'épinards
40 g de parmesan, râpé
80 g de pignons, grillés
5 gousses d'ail, hachées menu
125 ml d'huile d'olive

1 Faites chauffer le beurre dans une grande casserole et faites cuire les légumes et les tomates concassées avec leur jus en remuant bien. Ajoutez la farine délayée dans le concentré de tomates, puis le bouillon et le sucre.

2 Portez à ébullition et laissez cuire jusqu'à ce que le mélange épaississe légèrement. Baissez le feu et laissez mijoter jusqu'à ce que les légumes soient tendres. Incorporez les haricots beurre.

3 Ajoutez le pesto et mélangez bien.

Pesto Mixez le basilic, les épinards, le parmesan, les pignons et l'ail jusqu'à obtention d'une pâte homogène. Ajoutez progressivement l'huile en un mince filet sans cesser de mixer, jusqu'à ce qu'elle soit complètement amalgamée à la pâte.

Par portion lipides 53, 4 g ; 632 kcal

L'astuce du chef

Le pesto peut se conserver deux jours au réfrigérateur. Vous pouvez doubler les quantités et servir le reste avec des pâtes.

Haricots rouges aux piments et au tofu

Pour 4 personnes.

PRÉPARATION 10 MINUTES • CUISSON 15 MINUTES

2 c. s. d'huile d'arachide
375 g de tofu ferme, égoutté et coupé en dés
1 oignon moyen, émincé
1 poivron vert moyen, haché grossièrement
420 g de haricots rouges en boîte, rincés et égouttés
410 g de tomates en boîte, égouttées et concassées
1 c. s. de sauce aux piments
2 c. s. de sauce tomate
60 ml de concentré de tomates
1/4 c. c. de piment en poudre
125 ml d'eau

1 Faites chauffer la moitié de l'huile dans un wok ou une grande poêle et faites dorer le tofu sur toutes les faces ; égouttez sur du papier absorbant.

2 Ajoutez le reste de l'huile dans le wok et faites revenir l'oignon et le poivron jusqu'à ce que l'oignon soit tendre.

3 Ajoutez les haricots, les tomates, les deux sauces, le concentré de tomates, le piment et l'eau ; prolongez la cuisson jusqu'à ce que tous les ingrédients soient chauds. Servez garni de tofu.

Par portion lipides 14,7 g ; 312 kcal

Curry de légumes aux lentilles

Pour 4 personnes.

PRÉPARATION 10 MINUTES • CUISSON 25 MINUTES

40 g de beurre
2 oignons moyens, émincés
1 c. s. de curry en poudre
1 c. c. de graines de cumin, concassées
2 c. s. de farine blanche
150 g de crème de coco en boîte
750 ml de bouillon de légumes
200 g de lentilles corail
1 kg de légumes mélangés, en petits morceaux
2 c. s. de feuilles de coriandre fraîche

1 Faites chauffer le beurre dans une cocotte et faites revenir l'oignon en remuant jusqu'à ce qu'il blondisse. Ajoutez le curry et le cumin, puis laissez cuire en remuant toujours, jusqu'à ce que le mélange embaume.

2 Incorporez la farine et prolongez la cuisson, sans cesser de remuer, jusqu'à ce que le mélange se dessèche. Retirez du feu et versez progressivement la crème et le bouillon en mélangeant bien. Ajoutez les lentilles, puis portez à ébullition. Baissez le feu et laissez mijoter 8 minutes sans couvrir.

3 Ajoutez enfin les légumes et prolongez la cuisson à feu doux pendant 10 minutes, jusqu'à ce que les lentilles soient tendres. Incorporez la coriandre et servez.

Par portion lipides 18,5 g ; 450 kcal

Suggestion de présentation le curry de légumes se sert généralement avec du riz blanc.

L'ASTUCE DU CHEF

Ce plat peut être préparé deux jours à l'avance et conservé au réfrigérateur. On peut aussi le congeler.

Galettes de courgettes et de riz

Pour 4 personnes.

PRÉPARATION 20 MINUTES • CUISSON 10 MINUTES

300 g de riz brun cuit
3 courgettes moyennes, râpées
1 oignon moyen, haché menu
2 c. s. de persil frais, ciselé
2 œufs, légèrement battus
70 g de chapelure
130 g de crème de maïs en boîte
60 ml d'huile d'olive

1 Mélangez le riz, les courgettes, l'oignon, le persil, l'œuf, la chapelure et la crème de maïs dans un grand saladier. Remuez bien. Façonnez douze galettes un peu épaisses.

2 Faites chauffer l'huile dans une poêle et faites frire les galettes jusqu'à ce qu'elles soient cuites et bien dorées. Égouttez sur du papier absorbant.

Par portion lipides 18,2 g ; 387 kcal

Suggestion de présentation vous pouvez décorer les assiettes de pousses d'épinards et mettre sur la table un petit bol de chutney aux fruits, comme condiment.

• MARABOUT CHEF •

Traduction et adaptation de l'anglais
Sabine Boullongne et Élisabeth Boyer

Packaging
Domino

Relecture
Aliénor Lauer

Marabout
43, quai de Grenelle – 75905 Paris Cedex 15

Publié pour la première fois en Australie
en 2001 sous le titre :
The Quick-Cook Book

Dépôt légal n° 31845 - mars 2003
ISBN : 2501038266
Édition n° 02
40.3505.1/02

Imprimé en Espagne par
Gráficas Estella